超实用的日本亲子旅行书

最好的**学习**在路上

旅游书架

带孩子游日本

《亲历者》编辑部 编著

中国铁道出版社

CHINA RAILWAY PUBLISHING HOUSE

图书在版编目（CIP）数据

带孩子游日本／《亲历者》编辑部编著 .–– 北京：
中国铁道出版社，2015.8（2016.9 重印）
（亲历者）
ISBN 978-7-113-20416-7

Ⅰ.①带… Ⅱ.①亲… Ⅲ.①旅游指南—日本
Ⅳ.①K931.39

中国版本图书馆CIP数据核字（2015）第100759号

书　　名：带孩子游日本
作　　者：《亲历者》编辑部 编著

策划编辑：聂浩智
责任编辑：孟智纯
编辑助理：杨　旭
版式设计：袁英兰
责任印制：郭向伟

出版发行：中国铁道出版社（北京市西城区右安门西街8号　邮码：100054）
印　　刷：中煤（北京）印务有限公司
版　　次：2015 年 8 月第 1 版　　2016 年 9 月第 2 次印刷
开　　本：660mm×980mm　1/16　印张：14　字数：280 千
书　　号：ISBN 978-7-113-20416-7
定　　价：48.00 元

穿着和服的小女孩

前言

　　提起日本，也许你的脑海中会浮现出灿烂的樱花、美丽的和服、优雅的艺伎、空手道以及相扑比赛等，想到这些，或许你的内心已经开始蠢蠢欲动，忍不住想和孩子准备去日本开启一场精彩而温馨的旅程。

　　日本作为动漫王国，有很多著名的动漫角色，如机器猫小叮当、美少女战士、聪明的一休、龙猫、金鱼公主、千寻、火影忍者、名侦探柯南等，各式各样或可爱、或机智、或能力超强的动漫角色在日本等着你。来到日本，你不仅可以和孩子购买到各种形形色色的动漫产品，还能在动漫主题乐园中体验动漫中的场景，让你和孩子体验童真的乐趣。

　　日本不仅是一个动漫王国，而且还是一个名副其实的美食王国。你可以带孩子去品尝小巧可爱的寿司，体验新鲜而独特的刺身，或者去尝试精致高雅的怀石料理。还有数不清的特色美食，如大阪的章鱼烧、北海道的拉面、京都的豆腐料理更是不可错过的美味。

　　日本的茶道、花道、书道是日本著名的"三道"，日本的茶道是唐朝贞观年间由中国传到日本的，所以日本人民称中国是"日本茶道的故乡"。你可以带孩子去欣赏茶道表演，感受装饰优美的插花艺术，或是观看日本的书道，在日本开展一场浓厚的文化之旅。

　　来到日本，你可以和孩子在东京迪士尼乐园中狂嗨，可以乘坐摩天轮和孩子肆意欢笑；也可以前往札幌国际滑雪场，在冰雪中尽情玩乐；可以在大江温泉物语中感受泡汤的乐趣。或是乘

坐JR列车，进行一场主题各异的列车之旅；还能在富良野农场中，感受薰衣草的浓郁花香。

日本的美丽和精彩，不管你什么时候前来亲近她，都可以看到和感受到她的美艳。春天，你可以和孩子漫步在樱花树下，看樱花烂漫；夏天看碧海蓝天，开展欢乐的水上之旅；秋天缤纷绚丽的枫叶铺满大地，让人陶醉不已；冬天去滑雪，在纯净的冰雪世界中融入自然的怀抱中。

本书介绍了日本著名的旅游城市，如东京、札幌、京都、名古屋等，并对城市中孩子感兴趣的主要景点做了详细阐述，可以让你和孩子放心游玩。每一个城市前面有亲子行程百搭供你参考，在文前有最具亮点的让孩子感兴趣的日本手绘元素。如果你想带孩子去日本，那就别再犹豫了，赶快带上本书一起踏上前往日本的行程吧！

目录

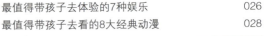

PART1：带孩子出行的那些事

PART2：带孩子游东京

目录

PART3：带孩子游京都

PART4: 带孩子游大阪

PART5: 带孩子游名古屋

目录

PART6：带孩子游札幌

181 >> 201

最好的学习在路上

带孩子游日本

PART7：带孩子游富良野

附录

目录

最好的学习在路上
带孩子游日本

导读

边学边玩
游日本

父母的心

川端康成

轮船向北海道行驶，当驶出濑户内海到了志摩海面时，聚集在甲板上的人群中，有位衣着华丽的高贵夫人，她的身边还有一个老女佣。离贵夫人不远，有个40岁左右的穷人，他也引人注意：他带着3个孩子，最大的七八岁，虽然每个孩子看起来都那么可爱，可是每个孩子穿的衣服都污迹斑斑。

当高贵夫人看到这些孩子们便无法挪动视线了，过了一会儿，她在老女佣耳边嘀咕了一阵，女佣就走到那个穷人身旁搭讪起来："你的孩子真多，而且每个看起来都很可爱，你一定很幸福吧！"

"唉，您是不知道啊，我们夫妻已没法儿养育这3个孩子了！但又舍不得抛弃他们。这不，现在正打算前往其他的地方找工作。"

"有件事情我想跟你商量一下，我家主人是北海道的大富翁，家财万贯，可是没有孩子。夫人让我跟你商量，能否从你的孩子当中领养一个孩子？我们会给他最好的待遇，把他当

亲生孩子抚养，如果你同意，还会给你们一笔钱作为酬谢。"

"那真是太好了！不过，我还是先和孩子的母亲商量一下再做决定。"

傍晚，那个男人和妻子带着大儿子来到夫人的舱房。"请您收下这个孩子吧。"然后夫妻俩收下了钱，流着眼泪离开了。

第二天清晨，父亲拉着五岁的二儿子出现在贵夫人的舱房。

"昨晚，我们想了好久，即使家里穷，我们也该留着大儿子继承家业。如果允许，我们想用二儿子换回大儿子！"

"完全可以。" 贵夫人愉快地回答。然后夫妻俩领着大儿子默默地离开了。

这天傍晚，母亲又领着三岁的女儿到了贵夫人舱内，犹豫了半天才开口说："实在是很抱歉，我二儿子的长相、嗓音极像死去的公公。把他送给您，总觉得像是抛弃了公公似的。再说，孩子五岁了，也开始记事了。我们不想让他感觉到自己是被父母抛弃的，这太可怜了。如果您允许，我想用女儿换回他。"贵夫人有点不高兴，但是看见母亲难过的样子，也只

好同意了。

第三天上午，这时轮船快接近北海道的时候，夫妻俩又出现在贵夫人的卧舱里，什么话还没说就放声大哭。"你们怎么了？"贵夫人问了好几遍。父亲抽泣地说："对不起，女儿太小了，把不懂事的孩子送给别人，我们做父母的心太残酷了。我们愿意把钱还给您。请您把孩子还给我们。我们夫妻俩就是再苦再累，也不舍得把孩子送给别人，请你理解一下做父母的心。"贵夫人听着流下同情的眼泪："我虽没有孩子，可理解做父母的心。我真羡慕你们。孩子应该还给你们，可这钱要请你们收下，就当是对你们父母心的酬谢。"

假如是你的话

都筑道夫

"这个戒指真的白给我？是真的钻石吗？"女士瞪大双眼不相信地问道。

"是真的钻石。你可以戴上试试。"推销员交出了戒指盒。女的双颊一红，捏起了戒指。推销员按住这只手，说道："请等一下，女士。听我说完您再戴好吗？"

"还是有什么条件吧？这么贵重的东西，不可能会白给嘛。"

"说实话，这不是平常的戒指，还是一个遥控开关。我是从一个遥远的星球来的，我们那个星球，由于人口过剩，不得不采取非常措施。结果，决定杀死五百万无用之人。可是谁也不肯按执行死刑的开关。因此派我到这里来。只要收下这只戒指，立刻要死五百万人。而这颗钻石可以说是执行死刑的报酬。"

"骗人的吧，这是不可能白送给我的。"

"肯戴的就奉送。不过，要等我回去以后再戴。"

推销员把戒指留在女士手中，跳出门外。女士手拿戒指陷入了沉思。然后——假如是你的话，该怎么办呢？

狐狸的窗户

安房直子

一个青年在打猎时迷路了，眼前是一片蓝色的桔梗花花田。只见一只白色的狐狸在奔跑。他赶紧追过去，但很快被小狐狸甩掉了。此时，青年突然看到了一个围着围裙的小店员站在一家挂着"印染·桔梗"招牌的店铺门口。其实，这个小店员是小狐狸变的。

"我给你染染手指头吧？"狐狸说着，用四根染蓝的手指组成一个菱形的窗户，然后架到青年眼前，"您往里瞅瞅吧。"在小窗户里，他看到了美丽的狐狸妈妈。小狐狸告诉他，很早以前，自己的妈妈被人用枪打死了。

狐狸接着说："后来，也是这样的秋天的日子，风刷刷地吹着。桔梗花齐声说道：'染染你的手指头吧。再组成窗户吧！'从此我就不再寂寞了，因为从窗户里我随时都能看得见妈妈。"

于是青年也染了手指。

在窗户里，青年看到了一个从前特别喜欢、而现在绝不可能见面的少女。

他想付钱，可一分钱也没有带。

狐狸说："请把枪给我吧。"

青年将枪给了小狐狸，小狐狸则送给他一些蘑菇。

青年高高兴兴地往回走。一边走，一边用手搭起了小窗户。窗户里下着雨，他看到了他怀念的院子，院子里还扔着被雨淋湿了的小孩的长靴。屋里点着灯，传出两个孩子的笑声，一个是他的声音，另一个则是他死去的妹妹的声音。其实那院子早被火烧掉了。青年放下手，想：我要永远珍惜这染了的指头。

可他回家干的第一件事，就是洗手。一切都完了！

他一连好几天都在林子里徘徊，但却再也没有出现那片桔梗花田，也再没见那只小狐狸。

日本地理
细数日本
地理之最

最高的山峰
富士山

　　富士山（Fujisan）不仅是日本国内的最高峰，也是世界上最大的活火山之一。富士山山体高耸入云，山巅白雪皑皑，放眼望去，好似一把悬空倒挂的扇子，因此也有"玉扇"之称。它的四周有剑峰、白山岳、久须志岳、大日岳、伊豆岳、成就岳、驹岳和三岳等8座山峰，它们就像忠实的护卫，守卫着富士山。

富士山档案	
分类	详情
中文名称	富士山
外文名称	Mount Fuji（Fujisan）
特性	日本第一大高峰
孩子玩点	孩子可参与垂钓和泛舟，钓上鱼后跟父母一起户外烧烤，闲来嬉水
地点	横跨静冈县和山梨县
海拔	3775.63米
神奇之处	1. 山顶有时会像钻石般闪耀 2. 富士山顶上云朵的形状可预测天气 3. 山顶一共有9个
周边景点	富士五湖

最长的河流
信浓川

　　信浓川是日本最长的河流，主要流经长野、新潟（xì）两县大部地区，而且流域面积在日本排名第三。信浓川属于洪水多发型河流，在台风期容易发生洪水灾害，在融雪期和梅雨期也会可能产生洪水灾害。不过不必担心，日本兴建了防洪工程，对河道进行了整治，利用水利进行发电，对农田进行灌溉，使原本可怕的洪水变成了造福人类的有利工程。

信浓川档案	
分类	**详情**
中文名称	信浓川
外文名称	Shinanogawa
特性	日本最长的河流
流经	新潟县、群马县、长野县
长度	约367千米
注入	日本海

最大的淡水湖
琵琶湖

　　琵琶湖在日本本州滋贺县境内，是日本最大的淡水湖。琵琶湖的地理位置十分重要，它邻近日本古都京都、奈良，横卧在经济重镇大阪和名古屋之间，是日本近年来经济发展速度最快的地区之一，同时也是日本准备迁都的三大候选地之一。同时，琵琶湖作为日本的国家公园，也是著名的旅游胜地，被人们亲切地称为"生命之湖"。

琵琶湖档案	
分类	**详情**
中文名称	琵琶湖
外文名称	Biwa Ko
别称	生命之湖
特性	日本第一大淡水湖
孩子玩点	孩子可参与垂钓和泛舟
湖泊面积	约670平方千米
湖中岛屿	竹生岛、冲岛、多景岛
湖边城镇	滋贺县

最大的火山口陷落带
阿苏山

　　阿苏山位于九州岛熊本县东北部，是日本著名活火山。阿苏山由中岳、高岳、杵岛岳、乌帽子岳、根子岳5座火山组成，并形成中央火口丘群，称为"阿苏五岳"。阿苏山外轮山周边的地区被指定为阿苏九重国立公园、阿苏国立公园，周边还有许多以自然为主题的休闲设施，可乘坐索道车登上喷火口附近，会看到喷火口不断冒出的硫黄味白烟，犹如地球正在呼吸一般。

阿苏山档案	
分类	详情
中文名称	阿苏山
外文名称	Aso-san
特性	日本著名活火山
孩子玩点	带孩子滑雪、泡温泉等
海拔	约1592米
主要景点	子岳草原、阿苏农场、中岳火山、九重国立公园
地点	日本熊本县

小·岛最多的公园
西海国立公园

西海国立公园档案	
分类	详情
中文名称	西海国立公园
特性	日本小岛最多的公园
孩子玩点	孩子可参与垂钓和泛舟，钓上鱼后跟父母一起户外烧烤，闲来嬉水
建立时间	1955年3月16日
占地面积	约246平方千米
主要景点	乌帽子岳、黑字岛、福江海中公园、九十九岛等

西海国立公园是以五岛、平户、九十九岛等无数大小岛屿组成的外洋性多岛海洋公园。复杂的溺谷地貌、雄伟的悬崖、珍奇的亚热带植物群、众多的历史遗迹组成了西海国立公园自然与人文相映生辉的景观。在1955年被指定为国立公园。

日本亲子游 TOP 榜

最值得带孩子去游览的7大博物馆

TOP 1 东京国立博物馆

东京国立博物馆位于上野公园内，是日本历史悠久、馆藏品质及数量首屈一指的博物馆。在博物馆内你可以看到日本雕刻、染织、金工、武器、刀剑、陶瓷、书画、建筑构件等展品，而且里面有上百种纪念章供游客盖章留念，你可以和孩子选择自己喜欢的印章来组合成独特的图案，还能买到古镜及服装形状的明信片。在博物馆前庭院中还有一棵巨大的百年鹅掌楸树，非常漂亮哦。

TOP 2 国立西洋美术馆

国立西洋美术馆位于上野公园内，是专门收藏西洋美术作品的美术馆。馆内共收藏了约4400件西洋绘画、雕塑作品，如罗丹的雕塑作品《思想者》、鲁本斯的绘画作品《丰饶》和雷诺阿的《阿尔及利亚风格的巴黎舞女》以及以莫奈、高更为首的印象派画家的绘画作品。如果你的孩子喜爱美术，那一定要带他来这里看看。

器、绘画、书法、生活用具与刀剑等不同主题的展示室。此外，还收藏了普贤菩萨像、松林图屏风、平治物语绘词和白氏诗卷等80余件日本国宝级藏品。不妨带孩子来此感受国宝的魅力。

国立科学博物馆

国立科学博物馆位于东京都市北区的上野公园内，是日本最大的自然科学博物馆之一。博物馆1、4号楼设生物的进化、哺乳类的进化、日本的动植物、矿物地质和人类等专题展出。其他3个陈列楼介绍科学技术发展史，展品有从古至今的各种计量工具和劳动工具。最受孩子欢迎的则是可以自己动手做实验，非常有趣还能学到知识。

横滨玩偶之家

玩偶之家位于横滨中华街和山下公园之间，1979年开馆，是专门收藏玩偶的博物馆。在其通往二楼的墙壁上贴满了每年流行的玩具，在这里你可以看到日本、中国等国家的玩偶，总之各国的玩偶几乎都能看到，非常有特色。虽然这里并不是很大，不过如果是喜欢玩具和娃娃的人，在这里看上个一半天没有问题，估计孩子拉都拉不走哦。

京都国立博物馆

京都国立博物馆位于日本京都府，在这里珍藏着流传至今的与千年古都共呼吸的国宝，是世界公认的"宝物殿"。博物馆以日本古代美术作品为中心，分成考古、石器、陶

TOP 6 京都国际漫画博物馆

京都国际漫画博物馆位于京都市中京区，由旧龙小学改建而成。现在收藏品有1874年发表的《漫画新闻日本》、日本首本《少年JUMP》《哆啦A梦》及其亚洲的各种译本，以及美国的超人漫画均一应俱全。在珍藏馆内，你可以看到连中国香港的《龙虎门》《中华英雄》等都给珍而重之地摆放起来呢。和孩子赶快来这里吧，这里将让你沉浸在漫画的世界中。

TOP 7 箱根森林雕塑美术馆

箱根森林雕塑美术馆是日本第一家以雕刻为展览主题的户外美术馆，位于神奈川县足柄下郡箱根町。户外场地随着季节的变化而变化，美轮美奂。在这里你可以和孩子看到罗丹、布德尔及摩尔等近现代世界艺术泰斗的逾百件作品，还专门辟有毕加索馆等展厅，非常值得一看。除此之外，还有儿童游乐场、天然喷泉足浴以及其他各种设施，在这里放松心情，享受大自然艺术的美妙是最好不过的了。

最值得带孩子去玩的10大主题乐园

TOP 1 东京迪士尼乐园

东京迪士尼乐园被誉为亚洲第一游乐园，主要分为世界市集、探险乐园、西部乐园、动物天地、梦幻乐园、卡通城及明日乐园7个区。在迪士尼正门的中心，你可以看到高耸的"灰姑娘城"，可以前往充满科学和幻想的明日乐园里进行星际旅行和太空山做一次亲密接触，还能到"小小世界"里去逛逛。在这个童话式的乐园中，你和孩子一定会不想离开这个梦一般的世界。

TOP 2 太空世界

太空世界（Space World）建于1990年，是福冈县内最老牌也是最受欢迎的主题乐园之一。公园以探索太空为主题，希望给每位游客都带来"能够在地球上体验奇妙的太空世界"的乐趣。这里有着日本首创的"太空营"基地，在这里孩子可以了解到不少宇宙知识。当然，太空世界20多种刺激有趣的游艺项目也不容错过。是坐着流星飞车驰骋于空中，还是在旋转飞碟上无限环绕，这可都要取决于你的勇气有多大喽。

Hello Kitty和谐乐园

每个女孩心中都有个梦，就是像Kitty一样备受宠爱，梦想可以拥有所有与可爱的Kitty相关的一切东西。为了圆孩子的梦想，就带她去日本最具人气的主题乐园——Hello Kitty和谐乐园吧！这里每天都有盛装游行、音乐会等，不仅能和孩子见到"Kitty城堡"，还能看到让女孩尖叫的Hello Kitty的化妆台，也能乘坐旋转木马，超级梦幻哦。在Kitty猫、大眼蛙洛比、大宝、贝克鸭等著名卡通人物的带领下游览这个童心未泯的梦乐园吧。

长崎豪斯登堡

豪斯登堡位于日本长崎县佐世保，再现了17世纪荷兰的街道风情，是亚洲最大的以休闲度假为主题的乐园之一。经过特别批准，这里成功再现了荷兰女王居住的宫殿豪斯登堡，也因此被授予了这个高贵的名字——豪斯登堡。在这里你可以和孩子乘坐运河游艇、古典出租车、巴士，拜访河边一站又一站的惊喜，在晚上还能看到运河游艇音乐秀、激光秀、水舞秀、焰火秀等表演，精彩纷呈。

樱桃小丸子主题乐园

樱桃小丸子主题乐园（Chibi Maruko-chan Land）建于静冈市的清水梦幻广场（S-Pulse Dream Plaza）内，这里有一条长长的走廊绘满了小丸子及其家人的介绍。在这个主题乐园内重现了小丸子生活的环境、整个家的布局也和动画片中一模一样。你能和孩子在小丸子乐园中尽情地感受这位"无厘头"小主人公的生活状态，看看她出生的城市是怎样的，看看她就读的学校是什么样的，再看看她们一家6口生活的家是怎么样的。其中最有趣的是起居室的电话会突然响起，拿起一听，原来是小丸子同学给她的留言，情景逼真得犹如自己也置身故事中。

城岛高原游乐园

城岛高原游乐园位于由布院与别府的正中央，园内有日本最早的木质过山车"丘比特"、小孩子喜爱的"玩具王国"、"波塞冬30"、超级自由降落"牛顿"、天空过山车"飞行者"。其中由6万棵美洲松制成的日本第一架木质过山车是城岛高原游乐园内最受欢迎的项目，园区内还有高尔夫球场，可以实现同时畅享高尔夫和游乐场的梦想。

肥前梦街道

无论是在日本的漫画中还是在古装的日本电影当中，我们都会看到忍者的身影，还会对黑色面具下的他们产生无限的好奇，如果你和孩子对忍者十分感兴趣，就来肥前梦街道吧，这里有完全再现江户时代的日本街道的主题乐园。在这里，你可以穿上忍者服，体验躲进机关屋，投掷手里剑、吹箭等忍者的绝技，在这里你就成了300多年前的能人侠士，为自己的信念而奔走。

志摩西班牙村

志摩西班牙村位于日本三重县志摩半岛南部的志摩市，是一个以西班牙为主题的综合游乐公园。公园内有电动游乐场、云霄飞车、海盗船、旋转木马、妙妙世界等游玩项目，而且森林里的老公公还会给你讲述西班牙的童话故事，让你沉浸在梦幻般的童话世界里。当你和孩子玩累了，可以到西班牙村的温泉区泡泡温泉，放松一下身心，或是到大酒店区享受一下真正的西班牙美味。

格林主题乐园

格林主题乐园位于熊本，其规模在日本的主题公园中数一数二，园内有超过70多种游乐设施。园内每一项游乐设施都极为惊险刺激，有日本相当罕见的超级云霄飞车、九州最大的彩虹摩天轮，还有小赛车、鬼屋、冰世界等多种奇幻项目，以及小朋友们最喜欢的可爱游乐设施。你看，游乐王国冒险世界就在眼前，准备好了吗？

TOP 10　东武世界广场

这里有众多世界著名建筑的微型翻版，你见过吗？这种感觉就像是格列佛到了小人国一样。东武世界广场是日本的一个主题公园，这里有100多个以1:25比例建成的世界著名建筑的复制品。公园耗时5年建成，园内有包括自由女神、金字塔、伯明翰宫和圣彼得大教堂在内的世界著名景点，在建筑的周围还配置了14万个7厘米大小的微缩人偶，看起来就像置身于一个微型王国中。带上孩子，去周游世界，你准备好了吗？Come On，Baby！

最值得带孩子去体验的7种娱乐

TOP 1　夏天来佐贺滑草

夏天来到佐贺一定要去Bota山公园玩上一玩，这个利用山势建造的"多功能广场"上，可进行足球、棒球、门球等多种运动，不仅是少年们的训练场，也是当地人休憩散心的场所。除此之外，还有人气最高的"滑草"让人期待，滑草是使用履带用具在倾斜的草地滑行的运动，公园内的滑雪场长约40米，从高处"嗖"地一下就能滑出去，在感受风一般速度的同时又能领略到大自然的美好，无论初学者还是个中能手都能乐在其中哦。

TOP 2　观看精彩的赛马比赛

位于鸟栖市的"佐贺赛马场"是九州唯一的地方性赛马场，而观赏赛马比赛却不像我们想象中的那么遥不可及，只要支付100日元的入场费，就可以入场一观了。对于孩子们来说，这里也是一个好去处，各种游乐设备也特意设计成马的形状，带孩子的大人们也同样可以享受。赛场附近的餐厅、小卖店也非常齐全，观看赛马之余也完全不用担心饿肚子。

TOP 3　和服体验

京都市内有很多家和服租赁商店。除了穿着传统和服的项目以外，有些店还提供"舞伎变身"的项目，即把游客打扮成京都舞伎的样子拍照留念。进行和服体验比较有名的店有西阵织和服会馆和染匠等地。除了衣服之外，腰带、手袋、发饰等小物也都在挑选之列，选好后有店员帮忙穿着，发型也可以让店家帮忙造型哦。身穿和服在充满历史感的京都街巷里漫步，实在是体验日本文化的不二之选。

惬意泡温泉

日本的温泉大部分都是由火山、地震的作用而形成，东京、神奈川县、群马县、新潟县、群马县、伊豆半岛等地都有数量众多的天然温泉和温泉旅店。可以带孩子去大江户温泉物语泡温泉，这里有20多种类型丰富的纯日式温泉，提供日式按摩服务，同时还有露天温泉，如果你害羞的话可以申请单间带室外空间的泡温泉场所。一家人惬意地泡在温泉中，简直是太爽了。

邂逅人偶剧

在佐贺市旧古贺银行的人偶节展示场馆，一层主要展示各种人偶以及相关人偶的摆设，在这里还会进行人偶剧表演，让参观者现场体验人偶剧的乐趣。二楼则是属于女孩子的房间，摆满了各种可爱风格的人偶装饰用品。除了来自北欧的人偶展品之外，用和纸折叠成的纸人偶也颇具特色，小巧可爱的模样瞬间打动人心，吸引了无数女孩的目光。

观光落潮大捕捞

在川副町，每年4~5月总是会迎来不少带着孩子的观光客，因为独特的地理位置涨潮落潮是难得一见的壮丽景象。不过人们来到这里不光是为了眼睛上的欣赏，也是为了落潮后的贝壳大捕捞。只要事先预约并搭乘专门的渔船就可以在落潮前来到合适的地点，等潮落之后，人们便会看到一片潮浸区，不少海里的贝壳都会被滞留在这片泥泞的潮浸区里哦。赶快带上孩子参加到大捕捞的行列中吧。

乘船与鱼儿亲密接触

唐津市的呼子町是一座美丽的海港城市，在这里参加与鱼儿亲密接触的活动必不可少。你可以带孩子前往呼子港乘坐海中展望船，这艘船的外形被设计成了一个非常可爱的鲸鱼的形状，有粉色和蓝色两种，看上去非常有童趣。乘坐海中展望船不仅可以一览呼子大桥的风光，更可以从船舱内看到海水中游来游去的鱼儿，而且因季节不同看到的鱼儿也不一样。许多孩子慕名从外地赶来，忍不住惊喜地尖叫了起来。

最值得带孩子去看的8大经典动漫

《七龙珠》

《七龙珠》是日本著名漫画大师鸟山明的经典之作，是日本的超人气动画。漫画讲述了一直为了超越自己极限、追求力量的"孙悟空"在寻找龙珠的过程中遭遇强敌、结交朋友以及不断成长的故事。在此过程中还发生了不少令人捧腹的笑料。该动漫吸引了无数的龙珠迷，在世界范围内掀起了一股股"龙珠"的热潮。而动画版最后结局的那首《渐渐被你吸引》的主题曲，更是让"珠迷"们感动不已，称其为永恒的经典一点儿也不为过。

《圣斗士星矢》

《圣斗士星矢》是日本著名漫画家车田正美的代表作之一，创作这部作品的灵感来自一份名为"狮子星座流星群"的资料，作者车田正美看到从天而降的流星，从而引发出圣斗士的概念。这个故事讲的是一个爱与勇气的故事，爱可以使人强大，勇气可以完成理想。青少年正处于理想的萌芽阶段，因此很适合青少年观看。

《哆啦A梦》

《哆啦A梦》为日本漫画家藤子·F·不二雄笔下最著名的漫画作品之一，分为漫画版、动画短片、中篇、剧场版、外传等。主要是叙述一只来自22世纪的猫型机器人——哆啦A梦，受原本主人野比世修的托付，回到20世纪，帮助世修的高祖父野比大雄的故事。哆啦A梦作为一个常青的形象，伴随了几代少年儿童的成长，受到越来越多小朋友的喜爱，你想不想拥有这样一只机器猫呢？

《灌篮高手》

《灌篮高手》与《足球小将》《棒球英豪》并列为日本运动漫画巅峰之作，该作电视动画版播映期间，在青少年中更是掀起了一股篮球热潮，风靡全球。《灌篮高手》其实是日本著名漫画家井上雄彦以高中篮球为题材的漫画及动画作品，其人物原型多为90年代风靡全球的NBA超级巨星，是日本历史上销量最高的漫画之一。如果你的孩子也是一个篮球迷，那就陪他看《灌篮高手》吧！

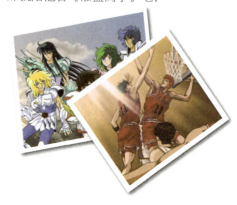

《机动战士高达》

《机动战士高达》自1979年登场以来，已成为日本卡通作品中最著名、最经久不衰、最庞大的系列之一，与《宇宙战舰大和号》《新世纪福音战士EVA》并称为日本动画史上的三次高潮。《机动战士高达》系列之所以如此受人欢迎，最主要的因素在于从第一部作品中便体现出的复杂而有深度的悲剧性故事情节，这样不仅靠紧张刺激的机器人星际战争来吸引观众，而且对于追求内涵的迷家们，也有着充分的回味余地。

《海贼王》

你们知道这片海洋的尽头，有着世界最珍贵的宝物吗？而且得到它的人就能够成为海贼王，是不是很让人热血沸腾？前所未有的冒险正等着我们！《海贼王》是日本超人气的动漫作品，作为漫画更是十多年来日本的统治级作品，单行本十年销量冠军，成为日本史上漫画单行本累积销量最高、初版印刷数最高以及最快到达一亿册的纪录保持者。

《聪明的一休》

一休不光聪明过人，还富有正义感，他用自己的机智和勇气帮助那些贫困的人、教训那些仗势欺人的人，给人留下了很深的印象。这部动漫在中国大陆播放后，引起了极大反响，说起"一休哥"，真是可谓无人不知、无人不晓。一休也成为中国儿童心目中的英雄，如果小朋友遇到了困难，别气馁，学学聪明的一休努力解决问题吧。

《火影忍者》

《火影忍者》是日本漫画家岸本齐史的代表作。该故事描绘了鸣人这个原本调皮捣蛋的孩子，经过老师的教导，与同学们互相帮助，克服重重困难，最终成为火影的故事。火影里值得一看的东西很多，是扑朔迷离的情节，还是紧张刺激的忍者对决？其实都不是，这些都不重要，你总能从中发现火影带给你的思考和感动。

最好的学习在路上

带孩子游日本

PART1

带孩子出行
的那些事

出发前

带孩子前往日本游玩，需要准备很多手续，包括办理证件、兑换货币、准备行李、预订机票、预订住宿、购买保险等，不管是选择自助旅游，还是报团旅游，父母对这些证件办理的步骤都需要有个基本的了解。如果选择自助游，就要对行程做个大致的规划，制定好行程路线，这样才能有计划、有目的地出行，可以减少很多不必要的麻烦。

护照

出境旅游，首先需要准备的证件就是护照。如果游客没有护照或者所持护照有效期不满6个月，就必须去办理或者更换护照。根据最新的规定，全国现在共有43个城市的外地人可以携带本人有效身份证或户口

簿在当地办理外，其他城市的人则需要携带有效身份证或户口簿在本人户口所在地办理。可以就近办理护照的城市有：北京、天津、石家庄、太原、呼和浩特、沈阳、大连、长春、哈尔滨、上海、南京、杭州、宁波、合肥、福州、厦门、南昌、济南、青岛、郑州、武汉、长沙、广州、深圳、南宁、海口、重庆、成都、贵阳、昆明、西安、无锡、常州、苏州、温州、嘉兴、舟山、泉州、株洲、湘潭、珠海、东莞、佛山。

办理护照的方法有两种，一种是携带证件到公安部门办证大厅办理，一种是在公安局官方网站的相应位置预约申请后，再到办证地点办理手续。第一种为最常规的办证方式，第二种是随着城市发达程度而发展出的便民措施。父母需要注意的是，孩子也一定要办理护照。如果初次办理护照，可以一家人一起去办理。

●办理步骤

1.领取申请表

携带申请人的身份证（出生证）及户口簿到户口所在地（可就近办理护照的43个城市除外）的县级或县级以上的派出所、公安分县局出入境管理部门、公安局出入境管理处或者参团旅行社处领取护照办理申请表。

2.填写申请表

需要填写的信息与身份证（或出生证）真实信息一致，姓名不能用艺名、代称等。

3.提交申请表

将申请人身份证、户口簿相应证件，填写完整的几张申请表原件，申请人的单人彩色照片（需在出入境管理处或者是指定照相馆照相）递交到办理柜台，并且索取《回执》。

4.领取护照

公安局出入境管理处受理申请后，审批、制作和签发护照的时间是10～15个工作日。领取护照时，须携带领取人身份证或者户口簿、领取护照《回执》，前往柜台领取。也可以在提交资料时，缴纳快递费用委托邮寄。凡在《回执》上标明取证日期3个月后没有领取证件或者没有安排邮寄的，公安局出入境管理处将证件予以销毁。

中 国 公 民 因 私 出 国 申 请 表　　申请编号条形码

以下内容由申请人填写（请用正楷字及兰黑色或黑色墨水笔书写）：

身份证号码				
姓		名		性 别
拼音姓		拼音名		民 族
出生日期	年 月 日	出生地		婚姻状况
政治面貌		文化程度		联系电话
户口所在地址				所属派出所
家庭现住址				邮政编码

贴照片处

近期正面免冠半身白色或淡蓝色背景彩色照片

照片大小：48×33mm
头部宽度：21～24mm
头部长度：28～33mm

本 人
身 份
□国家工作人员 □国有大中型企业中层以上管理人员 □其他人员
□国有控股、参股企业中的国有股权代表 □金融、保险系统人员

单位全称		行政职务
单位地址		联系电话

前往国家或地区		属第（ ）次申请因私出国（境）

出境事由
□定居 □旅游 □访友 □探亲 □商务 □劳务 □自费留学
□单位公派留学 □国家公派留学 □继承财产 □应聘工作
□结婚 □其他事由

申请证件种类类别
□首次申领护照 □护照延期 □护照补发 □护照换发
护照加注内容：（　　　　　　　　　　）
护照换发原因：（　　　　　　　　　　）

原护照号码		签发地		有效期至		年 月 日

家庭主要成员	称谓	姓名	年龄	工作单位、职务	家庭住址

本人简历

特别声明：

本申请表格所填内容正确无误，所提交的身份证明文件和照片真实有效，如有虚假将被追究法律责任。

申请人签名：

＿＿＿年＿＿月＿＿日

不满十四周岁的申请人，办理申请时，须由监护人陪同，监护人须作出如下声明：

本人是申请人的　　　，依法拥有对申请人的监护权，同意申请人提出申请，本人的公民身份号码是：

＿＿＿＿＿＿＿＿＿＿＿

监护人签名：

＿＿＿年＿＿月＿＿日

取证方式	□邮政速递	□到公安机关领取		
邮寄地址		收件姓名	邮政编码	联系电话

▲ 中国公民因私出国申请表

●网上办证

很多城市现在接受网上预约办理出入境证件（包括护照、港澳台通行证等）。平时比较忙，没有时间到大厅排队办理证件的父母，可以通过这种方式办理护照，去到办理现场排队的时间，在有些城市还能享受免费速递的服务。

部分接受网上办理出入境证件的网址				
城市	网址	城市	网址
北京	www.bjgaj.gov.cn/jjcrj/index.jsp	上海	www.police.sh.cn/shga/gweb
广州	www.gzjd.gov.cn/ydyysq/index.do	深圳	www.szga.gov.cn/SZGA_Scene/641/656

签证

中国公民前往日本旅游需要办理日本旅游签证，日本观光签证目前已有三种，分为团体观光、个人观光、多次观光签证，均需通过各使领馆指定的旅行社办理。一般来说，材料齐全、符合要求7~9个工作日即可予以发签。

●日本签证最新政策

自2015年1月19日起，日本面向"过去3年内有过短期赴日经历"的中国游客，将会在一定程度上放宽对其经济能力的审查标准，即如经确认该公民达到一定经济能力，即可对其发放多次往返签证，并允许家属单独赴日。多次观光签证有效期限为3年，每次赴日最长可停留30天，要求首次赴日在冲绳或东北三县（岩手县、宫城县、福岛县）任意一处住宿至少1晚（邮轮访问冲绳或东北三县除外）。

此外，对于"具有相当高收入的人及其家属"，还新设了首次赴日不限地点的多次签证（有效期5年，每次停留期限为3个月）。

●办理日本旅游签证

目前个人赴日本旅游，可申请"个人旅游签证"，规定的参加人数不限，

签证有效期为15天。有关签证申请资料，需通过日本驻中国大使馆或总领事馆指定的旅行社或签证申请代理机构进行递交。若游客持香港护照，可以免签证进入日本境内。报名参加赴日团体旅游的中国公民办理签证时，可通过报名参团的旅行社向日本大使馆、总领事馆等提出申请，中国公民只需要向旅行社提交签证申请表以及护照等相关材料即可。

代理日本签证业务机构（经日本驻华大使馆认可）

名称	地址	电话
中国国际旅行社总社	北京市东城区东单北大街1号国旅大厦	010-85227638
北京市中国旅行社有限公司	北京市朝阳区朝外街道朝阳门南大街18号214室	010-64260396
中国旅行社总社	北京市东城区东交民巷8号	010-65593755
中青旅股份有限公司	北京市东城区东直门南大街5号中青旅大厦17层	010-65686059
中国妇女旅行社总社	北京市东城区灯市口大街50号好润大厦2F202室	010-85169732/30
中国天鹅国际旅游公司	北京市朝阳区东三环农光南里1号龙辉大厦4层411室	010-67319980
北京麒麟旅行社有限公司	北京市东城区东直门南大街9号华普花园B座1201室	010-84098107
北京恺撒国际旅行社有限责任公司	北京市朝阳区金桐西路10号远洋光华国际AB座11-12层	010-65983649
北京二十一世纪国际旅行社	北京市朝阳区亮马桥路40号	010-64624633
山东省外事服务中心	山东省济南市榜棚街1号华鲁国际大厦405室	0531-8611896
青岛外事服务中心	山东省青岛市闽江路46号	0532-85806330
河北省外事服务中心	河北省石家庄市育才街179号	0311-85815002
湖北省对外友好服务中心	湖北省武汉市武昌区八一路三号	027-62330912

● 赴日旅游签证所需资料

签证申请通过日本政府指定的代办机构进行办理，申请人需和指定机构联系，并提供机构要求的相应材料，签证费用参考旅行社报价，一般单次个人旅游签证费用为400~600元。

赴日签证需要准备的材料

材料	备注
护照	有效期需在6个月以上，如有旧护照需一并附上；护照至少有2页供使用的签证空白页，旧版护照尾页需持照人亲笔签名
旅游签证申请表	旅游签证申请表2份（身份证号码，家庭地址及电话，工作单位电话及职务等，请务必如实填写，申请表必须有本人签名，签名必须与护照上的签名一致）
身份证、户口簿	本人身份证复印件，全家户口簿复印件（各1份，A4纸）
照片	2寸彩色（白色背景，3.6厘米×5厘米，照片头发上部需留出0.5~1厘米的空白）近期照片2张
资金证明	5万元存款证明原件，半年以上的银行活期/定期存折、房产、行驶证的复印件各1份
在职/读证明	本人所在工作单位的在职证明，上面应该有单位公章负责人签字；在校学生需提供学生证复印件（无学生证时，需提供学校开具的在学证明，并加盖公章）
单位证明	单位营业执照副本复印件，事业单位提供组织机构代码证复印件，均需加盖单位公章
签证费用	日本旅游签证申请手续费为200元，获得签证后，根据所提交的材料，每人需交5万~15万元的保证金，回国后如期返还

行程

去日本之前，非常有必要提前确定将要游玩的城市。父母跟孩子共同讨论想去的城市，跟孩子一起规划行程安排，了解城市的概况，孩子会非常感兴趣，在之后的旅途中也会表现得更为懂事。本处设计了5条跨城市游玩的路线，供孩子父母参考。

● 东京及周边热情活力游

这条路线游玩的时间是6天5夜，全程包含的城市有东京、横滨、镰仓，对于带孩子的游客来说，以下介绍的景点都是不容错过的经典，并留足时间供孩子休闲娱乐。

第1天	第2天	第3天
此航班到达时间为当地时间13:40左右，到达后先办理入住，然后找餐厅吃午饭。剩下的时间可以带孩子去逛逛皇居	迪士尼乐园是仿造美国的迪士尼乐园修建的游乐场，里面有许多娱乐设施，父母可以和孩子在此尽情玩耍	和孩子吃完早饭后，一起去台场、台场海滨公园感受一下东京都城繁华的商业氛围。之后可以到六本木购买日本的数码产品、药妆等商品，晚上则去东京铁塔观看美丽的夜景
✈ 飞行4.5小时，办完手续后游览2小时	⚊ 8小时	⚊ 8小时
参考航班CA925	从东京车站乘直达巴士约35分钟；搭乘JR京叶线、武藏野线，在舞滨站南口下车即到	搭乘临海线在东京电讯港站下车即到；搭乘都营地铁大江户线至赤羽桥站可到东京塔

第4天	第5天	第6天
从东京乘坐JR到达横滨，先带孩子去游览横滨中华街，在此感受中华街扑面而来的魅力，茶余饭后和孩子来横滨海洋塔，观赏美丽的横滨夜景	和孩子去八景岛海岛乐园，这里非常适合凝望美景与自然嬉戏，可以在此和孩子观看海洋动物表演，然后去未来21世纪港感受横滨的繁华与热闹	今天和孩子先去一面是山一面是海的江之岛，可以搭乘快艇访问江之岛。游玩后去梓想庵，这里最为出名的是提供镰仓武士体验，孩子可以扮演成自己喜欢的历史角色
⚊ 7小时	⚊ 8小时	⚊ 7小时
乘JR东海道本伐小田原方向可到	乘坐Seaside Line到八景岛站，或乘坐地铁到Minato Mirai（未来港）站下车	小田急铁路和湘南单轨电车

●北海道闲适梦幻游

这条路线的游玩时间是7天6夜，包含的城市有札幌、小樽、富良野，下面介绍的景点大多是经典景点和适合孩子的游玩的，让孩子一路不会感到枯燥乏味。

第1天	第2天	第3天
此航班到达时间为当地时间12:50左右，到达后先办理入住，然后找餐厅吃丰盛晚餐	大通公园是当地市民休闲娱乐的开放式公园，可以和孩子在这里散步、品尝美食等，接着去札幌时计台转转，最后等待亮灯后前往札幌电视塔欣赏札幌市的夜景	父母和孩子在白色恋人公园不仅可以了解巧克力的历史，更能亲自动手制作白色恋人巧克力饼干，之后去薄野，薄野夜晚时分将给你一个属于札幌的独特印象

 飞行约5小时，办理手续2小时　　 7小时　　 8小时

 参考航班CA169

 搭乘地铁东西线、南北线、东丰线至大通站下车；搭乘地铁东西线至西11丁目站下

 搭乘地铁东西线，在宫之泽站下车，再步行约7分钟即到

第4天	第5天	第6天	第7天
从札幌到小樽也就半小时车程，到达小樽后先去北一硝子馆，能体验一回玻璃制作的乐趣。在小樽音乐盒堂中欣赏到来自世界各地的音乐盒	你可以和孩子在手宫公园内赏樱花，接着去小樽运河一边看风景一边散步，晚上则可以去天狗山看小樽夜景	富田农场有着大片的薰衣草，在不同季节还能看到百合、鼠尾草及波斯菊等花。接着去Flower Land，搭乘直升机在花田上方翱翔，从空中能俯瞰到富良野的美丽景色	在富良野奶酪厂中不仅可以试吃奶酪，还能和孩子制作奶酪哦。接着去森之时计咖啡屋享用午餐，下午一定要去富良野森林精灵露台转转

 6小时　　 7小时　　 7小时　　 7小时

 搭乘JR至南小樽站下车，步行约10分钟可到

从JR小樽站前搭乘中央巴士3、33路线公车

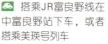 搭乘JR富良野线在中富良野站下车，或者搭乘美瑛号列车

 从JR富良野车站步行8分钟可到

● 日本西部历史文化路线游

此路线的游玩时间是7天6夜，全程包含的城市有大阪、京都、神户，此路线介绍的不只是游玩景点，还有一些具有特色的带有历史的景点，让孩子边玩边增长历史知识。

第1天	第2天	第3天	第4天
此航班到达时间为当地时间12:40左右，到达后先办理入住，然后找餐厅吃丰盛晚餐	从JR大阪车站搭乘JR环状线至西九条车站，然后换乘梦咲线至环球城车站下	你可以先带孩子去美国村逛逛，然后和孩子去道顿崛享用美食，最后在心斋桥体验大阪夜生活	金阁寺是京都的象征，在天气晴好时可以带孩子来此转转，接着在二条城用餐，最后在祇园观看艺伎表演

飞行4小时，办完手续2小时	8小时	8小时	7小时
参考航班CA927	从JR大阪车站搭乘JR环状线至西九条车站，然后换乘梦咲线至环球城车站下	搭乘大阪市营地铁至"四桥站""南波站"可到达	搭乘京都市巴士12、59、特59路，在金阁寺前站下车即到

第5天	第6天	第7天
父母可以带孩子在岚山公园中赏樱或者随意走走，在渡月桥上观看美丽的岚山景致，或者在鸭川边观看江中白鹭	美利坚公园是神户港的标志，在神户海洋博物馆中观看船只模型，在神户港灯塔上俯瞰整个神户的全景，最后在马赛克花园中转转	你可以带孩子去神户布引香草园参观，在阵阵香气中放松身心，然后前往三宫中心街随意逛逛，或者去明石海峡大桥吹吹海风

7小时	7小时	7小时
从JR嵯峨岚山车站下车再步行15分钟	乘坐JR列车至神户，搭乘神户市内地铁海岸线，在元町站下车	搭乘新干线列车，在"神户站"下车，步行5分钟即达缆车站

预算

游客如果选择带孩子前往日本，那么在出行前有必要为这次的日本之旅好好地做个预算。在日本旅行，花费主要包括餐饮费、住宿费、交通费、观光费等。日本物价较高，通常一个人在日本一天最基本的费用在400元人民币左右，中等水平的旅行费用一天在1300元人民币左右，一个三口之家旅行两周左右一般花费在3万～5万。父母可以根据家庭实际需求确定各项费用的大致开销，防止严重超支。

在日本旅行的物价资讯（单位：元/人民币）			
名目	类别	单价	详情
护照	首次签发	200元/人	在申办护照办公室拍照，加收20～40元
	换/补发	220元/人	包括到期、失效换发，损毁、被盗、遗失补发等
签证	签证	约400～600元/人	全家人申请费用统一支付，不同的旅行社价格不同
机票	往返联程	7000～1.5万元/人	此处为经济舱价格，费用包含燃油费；旅游淡季机票价格便宜，提前1个月订票也能享受优惠
住宿	大城市	约800元/天	在东京等大城市的酒店住宿费用很高，如果家庭倾向于自己准备餐饮，可以预订短租房、家庭旅馆等，费用会降低一半，且能让孩子有较多的空间活动
	中小城市	约600元/天	在富良野等中小城市，住宿费用低，住家庭旅馆等更实惠
饮食	快餐店	全家约200元/餐	快餐店方便快捷，省时间，不过大多数热量较高
	星级餐厅	全家1000元/餐	如果全家人想坐下来吃个正餐，享受精致的美食，那就需要多准备一些钱，1000元是基本消费水平
	家庭旅馆自制	全家人150元/餐	日本超市里鸡蛋58～148元（10个装），大葱2元/根，面条10元/袋，生鱼片25元/斤，桃子18元/斤，鸡胸脯肉6元/斤，基本一家人做一顿丰盛晚餐只需150元
市内交通	出租车	市内出行约400元/程	日本出租车起步价约45元人民币，节假日、深夜价格会提高，短途的出行通常约400元
	地铁、公交	9～17元/次	以东京地铁为例，单程票为9～20元，1日券（1日内无限次乘坐）约37元
购物	化妆品	约200元/件	日本的一些本土化妆品（资生堂、高丝、碧柔等）价格是国内的4～5折，还有很多优惠活动
	儿童衣服	约300元/件	在日本的服装店，能够以非常低的价格买到舒适而结实的儿童服装，最关键是款式新潮，极受潮妈喜爱
	电子产品	约4000元/个	日本的电子产品的质量和品质都是驰名远扬的，除了价格优势之外，而且许多电子产品的潮款可是在其他地方买不到的哦
	日本点心	约100元/包	日本点心种类繁多，造型可爱，价格不低
	动漫玩具	100元起/件	在日本可以买到深受喜爱的动漫周边产品，比如Hello Kitty、Snoopy、轻松熊、奥特曼等
	纪念品	30～300元/件	日本扇子、陶制品、玻璃制品都是值得购买的纪念品
娱乐	儿童乐园	单人约600元/场	以东京迪士尼乐园为例，每位儿童200元左右
	泡温泉	400～800元/晚	在日本舒舒服服地泡一次温泉，想必是很多游客来此的必备行程之一
	水上观光船	单人35～84元/小时	来到日本，父母可以带孩子乘坐观光船，在水上游览风景也是不错的体验
景点票价	各博物馆	单人约30元/馆	在日本，很多博物馆收费都是比较低的，当然有些主题博物馆的费用也比较高
	其他景点	单人约120元/景	日本的很多公园都是不收门票的，但公园里面一些景点可能单独收费

货币

日本通用的是日元（又作日圆），由日本银行发行。日元的单位为"円"，（读音近似拼音Yan），以¥表示，在美元和欧元之后被当作储备货币。日元的纸币有1000元、2000元、5000元和1万元4种面额。不过需要注意的是，如果携带的是100万日元以上的货币，或者是与其等值的支票和有价证券时，则必须向海关申报。

纸币

日元的纸币面额有10000、5000、2000、1000日元这4种，由日本银行发行。每一种面值的纸币大小都有差别，面值越大，其尺寸就越大，币面上的图像也不同。不过，2000日元面值的纸币流通较少。

日元纸币详细信息		
面值	正面	背面
1000日元	日本医学家野口英世	左边为本栖湖与富士山，右边为樱花
2000日元	冲绳首里"守礼之邦"牌坊	《源氏物语》取景和紫式部的肖像
5000日元	日本女小说家樋口一叶	燕子花
10000日元	日本作家、教育家福泽谕吉	平等院凤凰堂内房顶上的凤凰雕塑

硬币

日元的硬币有1日元、5日元、10日元、50日元、100日元、500日元6种。日本"5日元（5円）"的读音和"缘"是一样的，所以5日元（5円）的硬币带有"缘分"的美好含义。5日元（5円）硬币通常用来去神社参拜时祈福。10日元的硬币背后铸有世界文化遗产平等院凤凰堂的建筑图案。带孩子的游客在参观这些景点时，不妨把硬币拿出来和孩子一起比照一下哦。

日本硬币详解			
币值	正面	背面	图片
1日元	表面刻有树苗、国号、面值	面值、铸造年份	
5日元	国号、铸造年份	面值、铸造年份	
10日元	刻有平等院内的凤凰堂、国号、面值	常绿树、面值、铸造年份	
50日元	刻有菊花、国号、面值	是面值、铸造年份	
100日元	刻有樱花、国号、面值	面值、铸造年份	
500日元	刻有泡桐、国号、面值	面值、竹叶、橘子、铸造年份（具防伪特征）	

●兑换日元

　　去日本旅行，人民币必须要换成日元才能使用。了解怎么兑换日元，在哪里兑换等非常重要。下面就来简要介绍一下。

　　中国国内各大银行都可以兑换日元，但需要携带本人身份证等有效证件前往银行兑换。兑换时，需要填写外汇兑换单，交付人民币。另外，如果兑换日元金额较大，需要提前1天预约，第2天才能兑换。

　　在日本国内的大部分银行都没有人民币的兑换业务，虽然在日本主要城市的各银行等机构均有人工或自动的外币兑换服务，但是由于语言沟通上的困难和汇率损失，推荐只在迫不得已的情况下再使用当地银行的服务。

在日本标有"两替商(Authorized Money Changer)"的银行或店铺都可以兑换货币。人民币目前可以在东京成田机场的京叶银行和千叶银行、大阪关西机场的泉州银行以及东京成田机场的兑换处兑换，最高兑换限额为6000元人民币，兑换时间为12:00～19:00。另外，在三井住友银行的外汇兑换中心最高兑换限额为20000元人民币。在日本用人民币兑换日元时，需出示护照、支付手续费。

潮爸辣妈提示

在换取日元的时候，记得要换一些面额较小的硬币，以便在用餐、寄存行李、购买景点门票时使用。不过，为了安全起见，建议只兑换少部分现金，其余的存在银联卡或信用卡拿到日本国内兑换。

信用卡

在日本的百货商场、高档宾馆、饭店都可以使用美国运通卡（American Express Cards）、VISA、Iners Card和Master Card等国际性的信用卡，其中VISA是在日本使用最多的信用卡。但是在一些情况下使用信用卡会有限制，比如消费在1000日元以下不能刷卡。而且，在日本的小城市大部分都不能使用信用卡。

在日本，凡贴有"银联"标识的商户均可直接使用银联卡，部分商户可能没有张贴"银联"标识，持卡人可主动出示银联卡，询问收银员是否可以使用。如使用双币卡，建议持卡人主动要求收银员选择银联网络，以确保享受银联网络的好处和优惠。建议去日本前办理一张JCB双币（日元-人民币）信用卡，还可享受到相应的优惠（优惠信息查询网站：www.jcbcard.cn/ws/plazaweb）。

由于信用卡有一定消费限额，对于奢侈品等大额消费，建议使用银联借记卡，借记卡消费仅受账户余额限制。按市场汇率直接转换成人民币金额，并由发卡银行及时记入持卡人的人民币账户。

●ATM取款

日本邮储、三菱东京UFJ银行、SEVEN银行、三井住友银行等机构的ATM可使用银联卡提取日元现金。境外使用银联卡在ATM上取款，银联借记卡单卡每日累计取款不超过1万元人民币的等值外币。而且日本邮储的ATM不支持查询功能。银联卡境外不能进行银行柜面转账和提现。

收取费用：除国内银行收取的手续费外，日本部分ATM机构还会加收75日元或110日元的ATM服务费。

机票

在日本游玩的机票分为中国和日本之间往返的机票、日本境内各城市之间的机票。就飞机票的价格来说，一般是淡季比旺季便宜，提前预订比临时购买便宜，往返票比单程票便宜，转机比直飞便宜。因此买机票应提早预订、货比三家。提前1个月左右预订这些机票能够享受较多的优惠。

前往日本的航空公司资讯			
航空公司	订票地址	订票电话	网站
中国国际航空公司	北京市朝阳区东三环北路甲2号京信大厦西南配楼一层 南京市玄武区黄埔路2号黄埔大厦1层 广州市越华路118号军供大厦南座首层	在中国大陆拨打0086-95583/0086-10-95583 在日本拨打0120-474999	www.airchina.com.cn
中国国泰航空	在大多数机票代售点都可以购买该公司的机票	在中国拨打400-888 6628在日本拨打0120-463838	www.cathaypacific.com
中国东方航空公司	在大多数机票代售点都可以购买该公司的机票	在中国拨打：95530，在日本拨打0081-3-35061166	www.ceair.com
中华航空公司	在大多数机票代售点都可以购买该公司的机票	在中国拨打400-888-6998，在日本拨打81-3-63788855	www.china-airlines.com

●购买机票

自己订票可以到售票窗口，也可以到各大航空公司的网站预订。对于有孩子的乘客来说，如果没时间去售票窗口，那么在网上购票是不错的选择。一般来说，到窗口购买很少有折扣，而到各大航空公司的网站预订是比较划算的。到航空公司的网站，可以先在网上查一下票价的大概范围，然后到相应的航空公司网站查询、预订。

除了在航空公司的官网购买机票，还可以在一些旅游网站、机票代理网站，以及专门出售特价机票的网站或中介预订。推荐的网站有携程网、艺龙网、京飞网、纵横天地旅行网、去哪儿等。在这些网站，有时能买到2折到3折的机票。

买票时的注意事项：

1.首先是要注册输入的真实姓名要和身份证上的一致；

2.你要留下常用的电子邮箱。划账成功后，在网页上就会显示你的订票信息（同时也会发送到你的邮箱中），最好打印出来（最起码也要记得预订号码）。

3.旅客可以在订票当日或次日到航空公司的网站再次核对有关信息。此时，应该在比较明显的位置看到"已出票（Ticketed）"的字样；旅客也可以致电航空公司确认是否已经出票。

4.在航班起飞之前3～5日，应该再次核对、确认。确认机票后，就可以打印电子机票（Electronic Ticket），凭借它可以到机场柜台报到，而不需要真正的机票。

潮爸辣妈提示

1.在大多数情况下，最好都选择直达航班。这是因为孩子只需忍受一次飞机起落给耳朵带来的不适。

2.当然了，最重要的是尽可能从孩子的角度来考虑你们的旅程。什么时间出发对他是最佳的？他在那个时间会不会累得睡着或是兴奋得根本睡不着？当涉及孩子的特点和需求时，毫无疑问，父母才是专家，所以尽量考虑周全。

3.如果你们是飞国际航班，而你的孩子又比较挑食，你可以在订机票的时候，要求给孩子订特殊的饭菜。几乎所有的大航空公司都提供特殊的饭菜，但大多数公司都要求至少在飞机起飞24小时前通知他们。

4.如果你的孩子不满6周岁，应该为孩子选择这样的座位：靠窗的座位离过道较远，进进出出都不太方便。坐在靠过道的座位上虽然方便，但需要更加小心，以免孩子的头、四肢等身体部位被过往的服务车或行人撞到。选择座位时，如果宝宝不占座位，最好选择一个靠窗户和一个靠过道的座位。运气好的话，中间的座位如果没人，你们就能很从容地坐了。

5.怎样度过飞机上的时间：等飞机一旦开始稳步飞行后，你就可以来玩圣诞老人的游戏了。每隔1小时左右，给孩子一个礼物让他打开。这个礼物不必特别新奇或者昂贵，可以是书、零食或小贴画，不过最好是孩子以前没有见过的，这样他感兴趣的时间会比较长。当然了，如果能来点创意那就更好了。机上的防吐纸袋，用彩笔画一画就能当玩偶。

6.重要的是，一定要让孩子觉得开心。在飞机起飞和降落的时候，给他说说窗外的风景，努力做些让他觉得高兴的事情。当然了，孩子早晚都会想离开座位走一走。如果过道上没有障碍，要求系安全带的灯也灭了，那你完全可以带他转一转，说不定还能碰上同龄的小朋友呢。

7.起飞降落时的耳朵疼问题：飞机起飞和降落时虽然会对耳朵造成压力，但是不会损伤耳膜的，只是孩子会感到不舒服，尤其小宝宝，可能会因此而哭闹。其实孩子哭闹反而是一种可以缓解飞行压力的自我调节。另外这个时候可以让孩子吃些东西，用吞咽的动作来减轻压力。或者和他一起互相扮鬼脸，打个哈欠，会让他的面部肌肉拉长，并活动下巴，大人也可以用这种方式来缓解压力。

最好的学习在路上 带孩子游日本

购买日本国内机票

购买日本的国内航线机票，提前在日本航空公司官网上预订机票可以享受最大的折扣，同时也可以在日本廉价航空公司之一蜜桃航空（Peach Aviation）预订机票。另外，在日本旅游旺季（4月上旬至5月上旬、7月、8月、12月下旬）时，日本国内机票普遍会提高，应提前1个月在日本航空公司官网或日本廉价航空公司官网预订机票。

廉价航空公司推荐	
名称	网址
日本蜜桃航空	www.flypeach.com/home.aspx
日本天马航空	www.skymark.co.jp/ja/
捷星日本公司	www.jetstar.com

住宿

日本的住宿地种类非常多，比如日式旅馆、西式旅馆、青年旅舍、寺庙寄宿、漫画吃茶店等。如果你是在4月上旬至5月上旬、7月、8月、12月下旬带孩子前往日本，很有必要预订住宿地，这样既方便又省钱。日本的旅馆房价一般在3000日元以上，青年旅舍的房价一般在2800日元以上，漫画吃茶店的房价一般在2500日元以上。

● 日式旅馆

日式旅馆通常指的是拥有精美的木质建筑并配有榻榻米垫子和蒲团的传统日本旅店。进入日式旅馆时，要在门口脱鞋，将鞋头朝门外放置，再穿着袜子前往接待处，在登记住房时还需要出示护照。这种旅馆的种类既有价格高昂的豪华型旅馆，也有价格实惠且环境优雅的旅馆，其价格为4000～10万日元/晚，有些会包括早晚两餐饮食。

想要了解和预订日式旅馆，可以登录日本国际旅行中心（www.itcj.jp）和日本经济旅馆集团（www.kid97.co.jp/~jeh-group/jeh-group.html）的网站。

● 民宿

民宿（Minshuku）是家庭化的旅馆，多设于度假胜地，也多由一个家庭合作经营，把顾客当作家人看待。民宿取费低廉，房租包括早晚两餐，菜多以当地的当季菜肴为主。房间多以日式为主，在这里住宿你可以当作自己的家，温馨而舒适。民宿每晚的房租是6500日元左右，包括早晚餐费。但是房间内不置备必要的个人用品。

比较高级旅馆也许觉得不便，可是账单上的服务费一项可以减少，就是10%的住宿税，也因宿费很低而无须缴纳。

●漫画吃茶店

漫画吃茶店是日本人休憩和社交的场所，内部配有私人房间和舒适的倾斜式的座椅，还设有漫画图书馆，并提供咖啡和便宜的食物。这里24小时都营业，游客可在内部休息、用餐。

●选择酒店时的注意事项

全世界大部分的酒店婴儿都是不占床的，但是也有少数酒店会对婴儿占床收费的。有些小朋友不喜欢睡婴儿床，但是他们却都喜欢在婴儿床里玩，有些酒店地板没有地毯，或是比较老旧可能会有点脏，可以把小Baby放到婴儿床"关"起来玩，有些时候真的会方便又安心许多。

日本住宿相关网站	
名称	网址
Japanican	www.japanican.com/Simplified-Chinese/index.aspx?ref=JNTOCN
乐天旅行	travel.rakuten.com.tw/
日本旅馆	www.japaneseguesthouses.com
日本青年旅馆协会	www.jyh.or.jp/english/

门票

除了东京的迪士尼乐园、大阪的环球影城等这种完全商业化的景区，门票收费较高（成人票合人民币将近400元）外，日本多数景点的门票都很便宜，而且还很多是免费的。像大阪著名的清水寺，门票才合人民币不到20元；大阪海游馆，门票不到140元。京都著名的历史景点二条城，门票只合人民币约30余元。京都市内最古老的神社——伏见稻荷大社，以其沿绵延山势数公里的"千本鸟居"而著名，是免费的。

●小小门票要收藏

日本的博物馆、海游馆等地有许多可以盖印章的地方，一路玩下来可以盖满很多不同图案的印章。对于带孩子的游客来说，拿着门票，甚至车票，走到一处盖上一个印章，也是很有纪念意义的。

在出行前，建议父母和孩子商量将去哪些景点游玩，选好景点后，到其官网上了解票价优惠的情况，然后提前订票，把确认票的信息保存为电子版，并打印一份，到了当地后，省去排队买票的辛苦。如果觉得到官网订票比较麻烦，也可以到代理网站上寻找日本各景点门票的相关信息。

预订门票常用的代理网站			
网站名称	网址	网站名称	网址
途牛网	www.tuniu.com	携程网	www.ctrip.com
艺龙网	www.elong.com	去哪儿网	www.qunar.com
穷游网	www.qyer.com	同程网	www.ly.com

行李

　　带孩子出门，需要准备的东西一定会比较多，特别是孩子还比较小的时候。出门旅行之前，要列好行李清单，尽量把可能用到的东西准备好。但既然是去旅行，还是要尽力精简行李，基本的保证性用品有了就可以了。去一般的地方旅行，补充装备、食物应该并不困难，在路上再临时解决也完全可以。如果可以，尽量让孩子参与到行李的收拾打包过程中来。

　　孩子到底要不要带一个自己的行李箱？这个问题你要综合考虑自己的实际情况，比如孩子的年龄、路途的远近、孩子的体力等等。孩子带行李箱的好处是他可以收拾自己的行李，养成良好的自我管理的习惯，并且随时取用也方便。

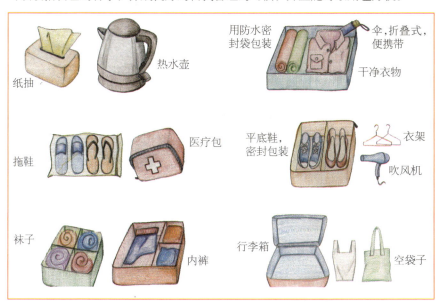

纸抽　　热水壶　　用防水密封袋包装　　干净衣物　　伞，折叠式，便携带　　拖鞋　　医疗包　　平底鞋，密封包装　　衣架　　吹风机　　袜子　　内裤　　行李箱　　空袋子

●行李清单

　　一家人出行，通常都需要携带1个大行李箱（托运，最好空出1/3的空间放礼品），2个大背包/登机箱，1个孩子拎的行李箱，才够供一家人游玩使用，将这些物品分门别类放在相应的防水包（防水包一侧为透明，供区分）里，并留两三个空防水包，然后装进行李箱中，方便取用，且避免了干净衣物与换下衣服混装带来的烦恼。

\multicolumn{4}{c}{3口之家游日本的行李清单（7天管够示例）}						
位置	分类	物品明细	数量	位置	分类	物品明细	数量
孩子背包/登机箱	玩具	魔方/拼图	若干	孩子背包/登机箱	必备品	防丢手环	1个
		赛车/毛绒类	若干			无游戏手机	1部
		彩铅和画本	若干	孩子身上、衣兜	安全（见专题）	父母资讯卡	2张置不同处
		日记本	1个			10000日元现金	至少2张
	衣服	贴身衣裤	3套/人		卫生用品	湿巾	1包
		游泳套装	1套/人			手帕纸巾	2包
		袜子	3双/人	母亲背包/登机箱	零食	薯片类	2包
大行李箱		当季服装	3套/人			话梅类	1包
		雨伞/雨披	1个/人			方便面类	3包
		拖鞋	1双/人			水果类	3个（下机前吃完）
		备用平底鞋	1双/人		钱包	双币储蓄卡	1张
	洗漱用品	盥洗包	1套/人			1000日元现金	40张
		毛巾	1条/人		其他	空保温杯	2个
		浴巾	1条/人			日本地图	1张
		梳子	1把			纸笔	1套
		化妆品	1套		文件类	证件照片	2张/人
	药物	晕车药	1瓶			护照原件	1本/人
		退烧药	1瓶			行程表	1份
		防蚊液	1瓶			紧急联系人名单	1份
		个人必用药	酌情			预订信息打印件	1份
		创可贴	1盒	父亲背包/登机箱	电子产品类	iPad	1个
	电子配件	多孔插线板	1个			电脑	1个
		电源转换插头	1个			相机	1部
		手机电源线	各1根		钱包	5000日元现金	30张
		电脑电源线（视个人情况）	1个			双币信用卡	1张
		相机电源线	1根		其他	书	1本
		三脚架	1个		文件类	复印件	各2份
						U盘	各备1份

潮爸辣妈提示

1.关于打包大行李有个诀窍，衣服不要一件件叠好放在行李箱中，很浪费空间；可以把衣服卷成长长的卷状，圆筒形状的衣服比较不浪费空间，而且可以塞在死角的地方。缺点是没有铺整齐时卷起来容易使衣服变皱。

2.大一些的孩子喜欢选择一些玩具自己装起来带走。你应该给他们限定玩具的尺寸、数量和类型。只带些能在孩子的背包和手提箱里装得下的玩具。

3.简单地为一些专门的物品指定专门的包装袋（例如全家人的晚装等容易起皱且皱了就不好看的服装）。如果你和孩子共用同一个箱子，把孩子的衣服放在上面，这样容易寻找。

4.用帆布旅行袋装孩子的衣物和玩具。这样的旅行袋很容易放在汽车里，后备厢里和绑在车顶的行李架上。尼龙帆布袋里可以放湿尿布和脏尿布，因为它防水不漏。同样也适于放湿衣服和洗澡用具。

5.在个人的枕头、毯子以及玩具上钉上每个人的名片，这样就是丢了也有人会送回来。

6.带一些电源插座的盖子和锁箱子的锁，如果你住的地方插座上没有防止孩子乱摸的装置，就用得着了。

● 主要承运航空公司关于行李的规定

对于前往日本旅游的游客来说，自己携带的行李能否都能够免费托运是一个值得关心的问题。通常小于登机箱的行李，每个乘客可以携带一个登机。孩子可以携带较小的行李箱，但是要注意行李箱中不要有仿真玩具枪、枪型打火机及其他各种会被认为带有攻击性的武器，不然会被没收。下面就来看看中国至日本主要航空公司的国际运输行李规定。

中国至日本主要航空公司的国际运输行李规定				
航空公司名称	托运行李			经济舱手提行李
	重量	长、宽、高三边和	其他规定	
中国国际航空	大于2千克，小于32千克可免费	大于60厘米，小于203厘米	行李箱内外写上乘客姓名及电话，行李最好能上锁，行李周围不能捆绑其他物品	1件/人，每件重量小于5千克，长、宽、高分别不超过55厘米、40厘米、20厘米
中国东方航空	小于23千克可免费	单个行李的小于158厘米，两个加起来小于273厘米可免费托运	行李箱内外写上乘客姓名及电话，行李最好能上锁，行李周围不能捆绑其他物品	1件/人，每件重量小于5千克，长、宽、高分别不超过55厘米、40厘米、20厘米
国泰航空公司	小于32千克可免费	总尺寸小于203里面	手提电脑等较大型个人电子器材于航机起飞及降落期间必须关闭并存放起来	此行李尺寸大小不得超过56（长）x36（高）x23（宽）厘米。经济舱每件重量小于7千克

潮爸辣妈提示

1.乘客在预订机票时，应向相关预订人员咨询航空公司的行李托运标准等情况，如果有特殊合理需求，更需要提前咨询和告知相关工作人员。在符合相关规定制度下，工作人员会及时满足乘客的需求。

2.托运行李的包装应注意使用的行李箱、纸箱或旅行袋等，行李外包装要求完好，有锁扣。

通讯

如何在日本境内拨打电话预订各项事宜，是很多即将出境游父母困惑的事情。对于带孩子出游的父母而言，如果手机开通国际漫游在日本可以继续使用，但是漫游费用较贵，所以建议抵达日本后在机场租借当地的手机使用。如果预算有限的话，可以在有无线网络的地方使用网络电话或者公用电话等。虽然国际电话卡也有出售，不过价格不划算，并不推荐购买。

● 如何开通国际漫游

中国的2G手机在日本不能用，但是中国的3G（W-CDMA）手机可以在日本使用，如果你持有的手机对应3G（W-CDMA 2.1Hz/800MHz）服务终端，就可以在日本使用了，但需要在国内开通漫游。

日本国际漫游资费详情（单位：元/分钟）								
运营商	拨中国内地	漫游地接听	拨漫游地	拨其他国家和地区（不含特定国家和地区）	发短信回中国	发短信至其他国家和地区	收短信	数据漫游
中国移动	2.99	1.99	1.99	3.0	0.69	1.59	免费	6元包3M
中国联通	2.86	1.86	1.86	3.86	0.86	1.76	免费	6元包3M

● 怎样在日本租赁手机

在日本各大国际机场均有办理出租手机的业务，非常方便。手机租赁价格便宜，申请也较为简单方便，是中国旅行者的首选。成田机场租赁手机网站www.narita-airport.jp。关西国际机场租赁手机网站www.kansai-airport.or.jp/cn/service/prepare/index.html#_02。

日本租赁手机公司介绍				
手机租赁公司	领取方式	租赁介绍	联系方式	如何返还
G-Call	可通过网络、传真或电话申请，可在成田机场、关西国际机场、羽田机场等地点领取	不能选择款式型号，仅限以信用卡结算	网址：www.g-call.com/e/rental/dom/rental.php 电话：0120-979264	在回国时返还，并以收件人付款（到付）方式快递返还
JAL ABC	可通过网络、传真或电话申请，在各机场柜台或用快递领取	可选择通话专用或带有上网功能的机种	网址：www.jalabc.com/chinese/index.html 电话：813-35451143	在回国时返还或通过快递返还
Pu Pu Ru	在各机场柜台领取，使用快递寄往指定地点或前往店铺窗口领取	以NTTdocomo为主，但也备有au、softbank等各种型号可供选择	网址：www.pupuru.com/ch（有中文翻译）电话：08152-9571801	使用附带的返还信封投入日本国内的邮筒
Soft Bank Global Rental	可通过网络，传真，电话申请。在各机场柜台或利用快递领取手机	仅限以信用卡结算	网址：www.softbank-rental.jp/cn/index.php 电话：813-3560-730	返还时可以在机场柜台，一部分SoftBank专门店可利用快递返还手机

● 拨打公共电话

在日本，到处都有公用电话。这些电话机的颜色大部分是绿色或是灰色的，可以使用10日元、100日元的硬币和专用的电话卡拨打电话。一般在机场、车站、邮局、高级酒店和其他主要公共设施内，能找到标有"国际和国内电话"字样的公共电话，可以拨往日本以外的地区。电话卡可以在便利店和车站的小卖店内购买。在同一通话区域内的电话费是每分钟10日元。需要提醒您注意的是，如果你用100日元的硬币打电话的话是没有零钱找给你的。

● 拨打电话方法必知

从日本拨打中国座机：86010+电话+区号+座机号

从日本拨打中国手机：86010+电话+手机号码

从中国拨打日本手机：0081+手机号码

从中国拨打日本座机：0081+区号+座机号

APP

在日本游玩期间，如果能有一个软件，供拍照翻译、提供导航、查询攻略等，那么出行的时光将会更加便利。在准备去日本前，不妨下载有关日本旅行的APP软件，让旅行变得更加生动和有趣。

●十六番

十六番是一个旅行者们交流的社区。大家相互提供旅行经验，打折卡号，分享旅行见闻和乐趣。还能及时了解十六番折扣信息，随时随地观看十六番出境游攻略，找到有用的信息，给出行带来极大的方便。最重要的是，可以手机提问，番友以及版主都会回复你，还可以互动哦！

■ 大小：8.4MB　　■ 网址：安卓系统www.16fan.com/o/Fan16.apk，iOS系统www.itunes.apple.com/us/app/shi-liu-fan-xiang-shi-jie/id855031900?

●GURUNAVI

GURUNAVI是搜索日本宴会和美食信息的网站，丰富的餐饮店信息可应对英语、中文简体、中文繁体、韩语。具有方便的定位机能，可以寻找现在所在地周围的餐厅，还可以指定自己喜欢的美食类型、地区、预算以及设备等条件，简捷地搜索到适合自己的餐厅。餐饮店的菜单页带有日语译文，所以不会讲日语也没关系!在餐饮店内启动应用软件，就可轻松点菜了。

■ 大小：3.7MB　　■ 网址：安卓系统www.play.google.com/store/apps/details?id=jp.co，iOS系统www.itunes.apple.com/cn/app/id430795962/

●雅虎（yahoo）日本电车换乘

需输入起点和终点，软件即可帮你查询如何乘坐电车，最快最近的路线，即使在交通线路繁多的日本你也不再迷路，轻松到达目的地。

■ 大小：16.2MB　　■ 网址：iOS系统www./itunes.apple.com/jp/app/id291676451?mt=8

●谷歌地图

谷歌地图和谷歌街景是配合一起用的，有如神器。唯一的缺陷是定位有时不准。而且谷歌地图支持下载离线地图，可以先把日本的地图下好，到时候就不用联网也可以使用了。

■ 网址：安卓系统系统play.google.com/store/apps/details?id=com.google.android.apps.maps

●谷歌翻译

谷歌翻译可以翻译60多种语言的字词和短语。对于大多数语言，可以直接读出短语，然后便可听到相应的语音翻译。只需游客把要去的国家的翻译结果加上星标，这样即使在离线状态下也能查询历史翻译结果。

■ 大小：3.4MB　　■ 网址：iOS系统itunes.apple.com/us/app/google-translate/id414706506，安卓系统app.cnmo.com/android/159865

保险

对于带孩子的游客来说，由于孩子本身比较淘气和顽皮，对于在旅途中可能出现的意外，真的是不可预料的。由于他们的贪玩，可能会导致摔倒将身体的部分摔伤，或者是因为不能够适应气候，导致身体出现一些其他的疾病，所以给他们购买一份旅游保险更是一件非常重要的事情。

● 爱他就给他买境外保险

给儿童购买保险是非常重要的，如果要购买旅游保险，建议购买境外保险。目前的境外旅游保险涵盖范围已经不是单纯的意外伤害，还包括了医药补偿、旅行者随身财产、个人钱财、旅程延误、旅游证件遗失、行李延误等。境外旅游保险最重要的保障在于境外旅游救援保险。

● 保险公司哪家强

国内有不少可靠的保险公司，游客办理保险的手续很简单，可以直接到相关旅行社办理所有的保险手续，或直接到机场投保，也可以直接到保险公司购买。

父母应当根据家庭的需求来选择合适的境外旅游保险。平安保险、人寿保险、太平洋保险、泰康人寿保险等都是值得信赖的保险公司。不过，无论选择何家保险公司，一定要选择适合自己境外旅行的险种。

常用保险公司	
网站名	网址
平安人寿保险	www.life.pingan.com
中国人寿保险	www.e-chinalife.com
太平洋保险	www.ecpic.com.cn
泰康人寿保险	www.taikang.com

潮爸辣妈提示

1.投保时认真了解紧急救援服务的内容及提供此项服务的境外救援公司的服务水平，包括境外救援公司在全世界的机构网点情况，在旅游目的地的服务状况都是很必要的。

2.在境外突发疾病或意外，需要大笔医疗费用支出时，人性化的医疗垫付功能显得尤为重要，父母应该了解遇到紧急情况时应该拨打的救援电话，保险公司可以垫付的医疗费用等。

要让孩子牢记的安全知识

当父母带孩子出门旅游时，风险来自四面八方，有些孩子甚至喜欢主动探险，让父母防不胜防。作为父母，应该预想出很多不安全的隐患，告诉孩子遇到危险时应该怎么办，让孩子牢记一些安全知识，还是很有必要的。

●孩子交通出行安全常识

和孩子外出旅游时，首先要注意交通安全，要让孩子了解各种交通工具的安全须知，父母在上下车拥挤时一定要看护好孩子，以防孩子被挤伤或碰伤。在卧铺车厢的父母一定要告诉孩子不要在铺位边的小梯子上爬上爬下，更不要在相邻的上铺、中铺之间跨来跨去，以免不留神摔伤。下面就来详细介绍一下交通安全。

1.危险随时可能发生，儿童乘车必须坚持使用儿童安全座椅。

2.乘车时，车上所有的人，包括孩子，都必须系上安全带。

3.长途驾车行驶时，每两个小时要休息一下，以免孩子烦躁哭闹，在你抱他时造成危险。

4.乘坐公共交通时，不要让孩子靠近打开的车窗，他可能把胳膊伸出窗外造成危险，也可能抛出物品伤害他人。

5.永远也不要把孩子单独留在车里。

6.教会孩子一旦被反锁在车里，要学会以尖叫或大喊的方式报警。

7.孩子在车里和汽车周围玩耍都是不安全的，警告孩子不要这样做。要让孩子明白汽车不是玩具，并让他们懂得危险性。

8.确保全部汽车钥匙随时远离孩子的视线。

9.父母带孩子出门，要记得拉着孩子的手，也可以购买防走失包使用。

10.教育孩子无论是乘坐公共汽车还是其他交通工具，都应坐稳，不可在车厢内跑来跑去。

在日本游览景点时，父母要告诉孩子不要将身体的一部分放进狭小的空间内，如不能将手指往瓶子口里插，不能将头伸进院墙铁栏杆的缝隙，以免被卡住。还要告诉孩子背心裤衩覆盖的地方不能让别人碰，增强孩子的自我保护意识。或者在孩子的脖子上带一个哨子，遇到紧急状况吹哨。

玩游戏时的安全你知道吗

秋千是孩子都爱玩的，但一定要事先叮嘱孩子，双手要始终抓牢

秋千的绳索，不玩的时候，要等秋千完全停住了再下来。另外，要告诉孩子，经过秋千旁边时，一定要绕着走，不然会被荡起来的秋千撞到。

跷跷板也是孩子爱玩的，要记得告诉他们，如果不想玩了，先跟大人或对方说，否则一方下来了，另一方没有准备，很可能被狠狠地蹾一下。先离开孩子如果步子慢点儿，很可能被一下子跷起来的板子拍到。

环行飞机以及儿童过山车等大型运动玩具，对孩子来说，非常惊险刺激。所以，在让孩子坐之前，一定要告诉他，千万不能中途站起来，也不能解开安全带。

地震了怎么办

日本是地震的高发区，如果在日本旅游突遇地震该怎么保护自己呢？如果是住在高层楼房，不要盲目跳楼，不能在电梯内避难，也不要乘电梯下楼。在室内，可视情况临时在桌下、墙角等较安全处躲避，尽可能稳步向"避难所"逃难，注意不要被坠落物砸伤。你逃离房间时，要走安全楼梯。日本的一般建筑（除超高层之外），大都有室外安全楼梯供逃生之用。建议给孩子带一个口哨，如果遇上意外情况，可以鸣哨呼救。

迷路时，你能勇敢地找到爸妈吗

要让孩子知道，不要随便告诉陌生人自己迷路了，更不要跟随陌生人到人少的地方或他家里去。如果感觉陌生人有恶意，要声明自己的父母就在附近，马上就会来，争取把他吓走；如果感觉自己无法摆脱陌生人的纠缠，可以乘其不备向人多的地方跑，并大声向别人诉说："我不认识他！他老缠着我！"

要提前让孩子看日本警察的照片，叮嘱他在迷路时应当找穿警察制服的人求助。

潮爸辣妈提示

北京移动的"亲子通"业务可以让家长通过互联网随时查询到孩子的位置。上海移动推出了手机地图服务，当孩子迷路或丢失时，家长通过手机就能迅速找到他的行踪。中电通信推出的一款手机有一个键专门用来让孩子给爸爸、妈妈打电话，即使忘记电话号码也没关系，爸爸妈妈可以咨询相关信息。

在路上

当你准备踏上行程时，是不是内心充满了期待和担心，如果孩子身体不适怎么办，孩子吃不惯当地食物怎么办，提前想到路上可能发生的问题，然后找到相应的应对办法，才能在日本轻松购物，愉快玩耍，享受美食，让行程变得更加充实和有趣。

出入境

出入境是进出日本非常重要的环节，带孩子的乘客需要提前了解出入境的步骤和手续，以防过不了安检、行李找不到、忘记退税等情况的发生，当你顺利通过边境进入日本或者回到中国后，就会感觉So Easy!

● 进入日本边境的步骤

对于带孩子的游客乘飞机到达日本后，对于入境手续可能会感到比较困难，只要你心平气和，按照一定的指示和步骤，就很容易通过的。

入境日本

填写出入境卡	填海关申报表	入境检查	领取行李	过海关检查
日本出入境卡又被称为日本入国卡，分为左右两面，右面是入境审查时提交的（上面有中文、英文、日文三种文字，容易识别），左面是出境审查时提交的，因此此在日本国内一定要保管好左面且不要折叠	通过航空或者海运入境日本，在飞机落地前，游客只需照实填写海关申报表。填好后，要将出入境卡、海关申报单和护照等证件放在一起，以待下飞机后检查	走外国人专用通道来到入境检察官面前后，出示签证、护照、出入境卡，然后入境检察官会引导你在指纹机上记录电磁指纹信息，采集头像信息。之后，入境审查官会向你询问问题，并会在护照上加盖入境许可章，最后将护照返回给你	在行李提取处（Baggage Claim）等着拿行李，注意看管好孩子	日本海关检查有红色和绿色两条通道，没有携带上税物品或禁止携带的物品的游客走绿色通道，有携带上税的物品或禁止携带的物品游客走红色通道

● 从日本机场离境步骤

日本的出境手续和入境手续很相似，对于带孩子的父母来说，在离境前的72小时内，最好打电话给航空公司打电话确认一下航班信息，也可以向航空公司服务处询问一下你到达机场办理登机手续的最佳时间，以便留出充足的时间到达机场。别忘记把护照、签证等证件带齐哦！

从日本离境

领取登机牌、托运行李	接受安全检查	办理退税手续	接受出境审查	登机
先寻找机场的"Departure"（离境大厅）标识，然后在标识下面的液晶显示屏上找到所乘航班的名称、航班号，再找到自己所乘航班的航班柜台，然后出示护照、签证领取登机牌，办理行李托运手续	检查时，游客需出示登机卡，然后将手提行李放入检查机旁的塑料筐内，接受检查，游客再通过安全检测门接受人身检查。之后，就可以拿回检查完毕的手提行李	如果购买有含税物品，且没有在商场退税的，可以在机场关税台办理退税手续。退税时，建议游客选择既简单又能立即生效的刷卡退税方式	可沿着出国审查通道，前往出境审查处接受出国审查。接受审查时，应将出境卡、护照、签证交给入国管理局的工作人员，在经过他们加盖出境印章后，便可进入登机区	和孩子进入登机区后，你可以按照登机牌上面的登机口号码，找到登机牌，准备乘飞机离开。一般进入登机口的时间是飞机起飞前30分钟

就餐

　　来到日本，要带孩子品尝几次日本的经典美食。首先父母要了解的是，日本本地特色食物都有哪些？寿司和生鱼片虽说都是当地特色的美食，但对于小孩子来说，可能吃不惯，那么都有哪些美食适合孩子吃呢？下面就和孩子一起来看看吧。

● 东京适合孩子的食物

　　在东京你可以品尝到色彩鲜艳的日本料理，小巧精致、颜色各异的寿司、有细细的黑色荞麦面、粗大的白色乌冬面，嚼劲十足的章鱼小丸子等，孩子想吃的美食可以说应有尽有，那么带孩子去哪吃呢？别着急，东京的筑地市场、Monja大街、浅草等都是探索美食的好地方。

　　其中，最值得带孩子去探索美食的地方无疑是浅草地区，这里是传统美食的聚集地，具有浓郁的日本传统气息，美食以各种传统小吃为主，有不少上年头的好店的本馆都在这个地区哦。接下来猜猜看能和孩子吃到哪些美食吧。

天妇罗

　　大黑家的天妇罗大碗盖饭绝对让你赞不绝口！100%芝麻油炸出的金黄色的虾与蔬菜组合，香味浓厚，酥脆可口，配上特制酱汁特别入味，就算排队也要吃上一口。地址：浅草1-38-10。

鳗鱼饭

　　你吃过鳗鱼饭吗？就去初小川吧！在怀旧复古的店中，静候大厨活杀鳗鱼，绝鲜现烤，之后把肥而不腻的鳗鱼铺在米饭上，辣口的浇汁儿，实在太下

饭了！晚上关门时间较早，记得早点来，美味不等人哦。地址：台东区雷门2-8-4。

人形烧

来到浅草，当然要尝尝有名的人形烧，而木村家本店是人形烧的元祖哦。人形烧热的时候吃起来松软香甜，外皮糯糯的，冷却之后有另一种风味。有五重塔、

雷、提灯和鸽子的样子，你喜欢吃哪种呢？地址：浅草2-3-1（宝藏门）。

美味牛排

如果你喜欢吃牛排，那么叙叙苑这家店可千万别错过哦。取一块小牛排放在上面煎烤，和吃现成的牛排感觉很不一样哦，你能看到牛排滋滋作响，香味顺着腾腾的热气跑到你的鼻子里，很香很嫩的口感，沾上特质的酱汁，更是好吃。地址：上野6-15-1号上野9楼。

购物

日本可以说是一个购物的天堂，带孩子旅行的游客，肯定会选择在此为孩子添置一些衣物或者玩具，但是对于孩子来说可能不太喜欢逛街，说不定会耍脾气、闹情绪等，但是潮妈们可以发挥自己的智慧，你可以先逛孩子感兴趣的店铺，引起孩子对购物的兴趣，或者让孩子跟爸爸在商场的娱乐区中玩耍，自己前去购物；或者跟孩子商量好，乖乖听话就能得到什么样的奖励等。

●日本必买购物清单

来日本旅游，购物是必不可少的。除了给孩子买些玩具、衣服等，当你看到美丽的和服、精致的古玩等工艺品时，也会心痒难耐吧，而且对于那些在国内买不到的品牌、比国内价格便宜一半的商品，你一定会按捺不住那激情澎湃的心，急不可耐地想挽起袖子，准备血拼吧。

在日本购物买这些		
商品类型	品牌名称	详情
日本药妆	DHC、资生堂、高丝等	日系产品大约是国内1/3的价格，在日本的药店和超市都能买到
数码产品	Toshiba、Hitachi、SONY、Nikon等	这些品牌的最新款DV、相机、电脑等产品，有些只能在日本本地才能买到
儿童用品	花王等	日本的纸尿裤经常有三折优惠
日常用品	象印、虎牌、松下等	电饭煲名列国人在日本电器采购第一位，电饭煲和净水器售价比国内便宜一半
传统工艺品	—	陶器、竹编工艺品、版画、古玩等传统工艺品值得购买

●日本主要免税店看这里

在日本的国际机场可以购买免税品，购买免税品时需要出示护照和机票。在市内的商业区也有正规的免税店，由懂英语的店员为顾客服务。如果时间允许，可先到减价商店或平价商场比较商品价格，然后再做决定。可以享受免税服务的大型百货商场会在其入口处标示"Tax Free（免税）"，有名的免税店是东京的国际商场(International Arcade)和京都的手工艺品中心。

日本人气免税店			
地区	免税店名称	地址	营业时间
成田机场	Ana Duty Free Shop	1号航站楼南翼	7:30~20:30
	Bvlgari 专卖店	1号航站楼南翼	7:30~20:30
	Ana Duty Free Shop Men	1号航站楼南翼	7:30~20:30
	Ana Duty Free Shop	第2候机楼	7:30~21:30
	Bvlgari 专卖店	第2候机楼	7:30~21:30
关西国际机场	Ana Duty Free Shop	机场北翼	8:00~19:00
	Ana Duty Free Shop Longchamp·Tumi	机场主楼	7:15~21:30
	Burberry 专卖店	机场主楼	7:15~22:30
羽田机场	Tiat Duty Free Shop South	国际线候机楼，位于出国审查出口的右手边，109号登机口处	6:00~24:00
	Cosmetic Boutioue North	国际线候机楼	6:00~24:00
冲绳	冲绳DFS环球免税店	冲绳那霸市新都心4-1	周一至周四9:00~21:00，周五至周日及节假日9:00~22:00
东京	Laox（秋叶原店）	千代田区外神田1-2-9	10:00~19:00
	Laox（银座总店）	中央区银座 7-9-17银座YAMATO大楼 1·2·3F	10:00~20:00
	永山免税店	东京都千代田区外神田6-14-2	8:30~19:00

潮爸辣妈提示

1.如果你在日本的商场或者百货公司购物当天满1万日元（不过有些商场并没有金额的限制），就可以享受退税，一般比较大的商场或百货公司都有专门的退税点，很方便。

2.当你在免税店购买商品时，护照（复印件也可以）、机票是必须携带的。护照是用于确认个人身份，而机票是为了确定在机场取货的时间。如果你能记住航班出发地点、出发时间、航空公司及航班号等信息的话，不出示机票也可以。

免税店商品的取货

如果你是在市内免税店购买的商品，在机场或港口接受完出国审查后，就可前往各免税店的取货点领取自己的商品。取货时不要忘记携带物品交换券、护照和登机卡，值得注意额是，只能自己去取货，别人是不能代取的。取货时请仔细确认购买商品是否无误，并在核对数量、尺寸及颜色后签字。建议你最提前1小时去提货。

●在日本的退税资讯

日本的百货公司和很多观光客会去的购物中心，一般都有退税点。退税时，首先顾客需要填写一式三份的退税申请表，上面所要填写的信息包括护照号码、本国地址、消费金额、退税金额等，并贴好购物发票，然后将一份交给商店，自己留两份。填好后，顾客可以选择现金、支票、刷卡等方式退税。

退税的时候一定要护照原件，而且不是所有的商场所有的商品都可以退税。非外国观光客常去的店，或是没有申请退税的店就没办法退税。一般大型商场购物要满10000日元以上才可以享受退税。需要注意的人能在商场退税就在商场退税，不要等离开日本统一退税，到时候不仅麻烦，而且还耽误时间。

娱乐

日本作为国际娱乐事业最发达的国家之一，有五光十色的时尚发布会、风靡世界的动漫文化和相关产业、以及保留传统文化的娱乐活动，不同年龄阶层的人在此都可以找到适合自己的娱乐项目。你可以带孩子去东京迪士尼乐园中尽情狂嗨，还能在东山国际滑雪场体验滑雪的乐趣，玩累了一家人还能舒舒服服地去泡温泉，来到日本就让孩子尽情玩乐吧！

●东京迪士尼乐园

在日本多如牛毛的娱乐场所中，东京迪士尼乐园是最为突出的一家，东京迪士尼乐园不仅是亚洲规模最大的主题公园，也是亚洲最大的娱乐场所，这座以灰姑娘城堡为中心的主题公园，是儿童们玩耍的乐园，也是成年人放松休闲的绝佳场所。

怎样在网上买票

东京迪士尼的电子票（Eticket）可以在网上提前2个月购买，然后自行打印出来，到了东京迪士尼后，可以不用排队买票，直接进场。下面就来介绍一下如何在网上为孩子订迪士尼的票。

1.输入网址进首页：输入www.tokyodisneyresort.jp/sc/ticket，进入票务网首页。建议新用户先到网上注册一个账号，这样后期付款的时候就方便很多。

2.进入订票页面：点击网上购票，进入订票页面，选择Ticket、门票类型、日期等，然后点Search。

3.选票：在此选择票的类型，选择后点击购买。

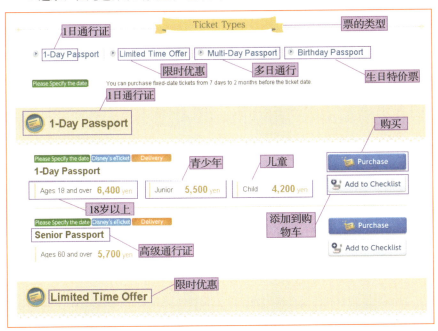

4.付款/送货方式：首先选择门票数量，在指定公园选项中，可以选择迪士尼乐园或者是迪士尼海洋，如果想增加票则选择Add Park Tickets。然后点Continue。

Payment/Delivery Method 付款/送货方式

To return to the previous page, do not use the back button ← of your browser, but use the "Back" button at the bottom of this page.

1-Day Passport

Ticket Pick-Up* ● Disney's eTicket ○ Delivery About Park Ticket

Date* 门票数量 2015/2/18

Number of tickets* Adult: 6,400 yen Junior: 5,500 yen Child: 4,200 yen
Ages 18 and over 12-17 years old Middle and High School 4-11 years old Elementary School

— You can purchase up to 10 tickets per transaction.
If you are purchasing more than 11 tickets, please buy the tickets in separate transactions.

指定公园 Specify the Park* 1st day Please select 在此选择

📧 Add Park Tickets 添加门票

Select Tickets Add

Purchase Amount — yen

↩ back to list Continue ✈

5.这时需要你输入ID账号和密码，然后选择支付方式，付款就可以了。

●泡温泉

泡温泉是在日本旅行不可错过的放松方式，东京、神奈川县、群马县、新潟县、群马县、伊豆半岛等地都有天然温泉和温泉旅店分布，其温泉各有各的特色、疗效。另外，日本的一些温泉旅店内还能提供按摩、桑拿、理疗服务。

最佳温泉旅店推荐		
名称	地址	网址
白马温泉酒店（Hakuba Springs Hotel）	5090 Hokujo, Hakuba, Kitaazumi District, Nagano Prefecture	www.hakuba-springs.com
阿莎亚酒店（Hotel Asaya Tochigi）	813 Kinugawaonsentaki, Nikko, Tochigi Prefecture	www.asaya-hotel.co.jp
半库拉斯酒店（Hotel Micuras）	3-19 Higashikaigancho, Atami, Shizuoka Prefecture	www.micuras.jp
冈田酒店（Okada Hotel）	191 Yumotochaya, Kanagawa Prefecture	www.hotel-okada.co.jp
白马高地酒店（Hakuba Highland Hotel）	Nagano Prefecture, Kitaazumi District, Hakuba, Hokujo	www.hakuba-highland.net

●剧院

新银座歌舞伎座剧院和新名古屋音乐剧场是日本比较著名的剧院，带孩子到日本旅行，不去歌舞伎座看一场歌舞伎演出，未免会给你的旅途带来遗憾。新银座歌舞伎座剧院中的表演包含了舞蹈、故事、服装、武打、舞台、传统音乐等多种文化艺术，以独特的化装方式、特殊的音乐、历史的精彩故事、优美的肢体动作成为吸引观众的关键点。

提前购票

在日本的剧院看演出，特别是在旅游旺季时，一定要记得提前订票。日本大多数剧院都有官网，你可以直接在网上预订，也可以直接前往剧院购票。新银座歌舞伎座剧院官网www.kabuki-za.co.jp，新名古屋音乐剧场官网www.shiki.gr.jp。

● 相扑比赛

相扑被称为日本的"国技"，是日本独有的体育竞技方式，东京的秋叶原建有相扑国技馆和许多相扑俱乐部，是观看相扑比赛的最佳地方。但对女孩子来说，相扑比赛有点小暴力，可能不会很喜欢看，所以并不是很建议父母带孩子去看。

小费

日本和许多亚洲国家一样，没有给小费的习惯。但一些大饭店、大餐厅的账单之中，会加上10%或15%的服务费。而出租车如无特别的服务，也没有给小费的必要。至于在美容院、理发馆、酒吧及夜总会等地消费，也都无须支付小费。

禁忌

所谓礼多人不怪，到日本旅游，尤其是带孩子的游客，要牢记一些生活常识，不可忽视一些小细节，以免引起不必要的误会或笑话。

● 日本的语言忌讳知多少

日本人有不少语言忌讳，如"苦"和"死"，就连谐音的一些词语也在忌讳之列，如数词"4"的发音与死相同，"42"的发音是死的动词形，所以医院一般没有4和42的房间和病床。用户的电话也忌讳用"42"，监狱一般也没有4号囚室。"13"也是忌讳的数字，许多宾馆没有"13"楼层和"13"号房间，羽田机场也没有"13"号停机坪。

● 吃饭时这些行为不要有

1.伸出筷子后，犹豫不决，不知道夹哪个菜好，或者一味地夹菜不吃饭。

2.用筷子在菜盘里翻来翻去找自己喜欢吃的东西。

3.用筷子扎食物吃，或用筷子敲打餐具。

4.筷子上沾的菜或汤，滴答地往下掉落。

5.在吃本膳料理和怀石料理等比较正式的日本料理时，筷子只可以与用膳者成90度摆放，筷子的顶端对着对方是失礼的。

6.就餐时禁忌口含或舌舔筷子,忌讳含着食物讲话或口里嚼着东西站起来,否则会被认为缺乏教养。

●行为举止不要忽视

1.日本东京的扶梯是站在左侧，右侧通行，因为有人想快点走，所以千万不要站错方向挡了后面人的去路，也不要并排站。

2.日本的电车每节车厢两端都设有优先席，是给老幼病残孕乘客的，如果车上人比较多，优先席即使有空座位日本人也不大会坐的，所以建议年轻人就不要坐这些座位了。

3.日本的电车里是禁止通电话的，而且电话一定要设成静音，尤其是在优先席附近。如果一定要接的话，就捂住嘴巴小声告诉对方稍后再打回去。也不要在车厢内吃东西哦！

4.日本马路上禁止吸烟，每隔一段会设有吸烟区，基本每家便利店门口都会有立式烟灰缸。

5.日本的厕纸都是再生纸做的，可以溶解掉。所以日本的厕所是不备丢厕纸的垃圾桶的，用完直接丢到马桶里冲走就好了。女厕所的小垃圾桶是用来盛放用过的卫生用品的！

除这些外，日本人最忌讳绿色，认为绿色是不祥之色。还忌讳3人一起"合影"，他们认为中间被左右两人夹着，这是不幸的预兆。日本人忌讳荷花，认为荷花是丧花。在探望病人时忌用山茶花及淡黄色、白色的花。日本人不愿接受有菊花或菊花图案的东西或礼物，因为菊花是皇皇的象征。见面问候忌用"你吃饭了吗？"，严忌在室外或走廊拉住客人交谈；在公共场合忌吵闹、哄笑。

意外应对

出门旅游大家都希望高高兴兴去、开开心心回，但古语有云"天有不测风云，人有旦夕祸福"，万一在旅游途中遇到一些意外事件，例如行李丢了，孩子水土不服，我们该怎么办呢？下面就为你提供一些遇到意外情况的应对方法，让你的旅途变得一帆风顺。

●天大地大，宝贝最大

水土不服

小孩子出现水土不服，最容易腹泻。导致腹泻的直接原因就是饮食，如饮食不洁、吃了生冷食物等。因此来到日本后应该以清淡、细软的饮食为主，之后每一顿添加一样新的食物，让宝贝慢慢适应，不建议吃生冷、油腻的食物。

当发生水土不服后，先不要想到给宝宝吃药，先看看宝宝是旅途劳累还是真的水土不服，要检查一下宝贝有没有感冒。如果是水土不服就给他喝开水，在睡之前先饮用一些蜂蜜。如果症状比较明显，长时间不能消失，可服用少量药对症处理。如呕吐、腹泻可服用甲氧氯普胺，诺氟沙星等；皮肤瘙痒可服用阿司咪唑等。

意外伤害

孩子生性活泼好动，喜欢攀高、爬树、从高处向下跳等，这些都易于发生摔伤或坠落伤。而男孩好打闹、舞棍棒，模仿电视中的武打动作，以显示自己的"英雄本色"，非常容易发生意外伤害。下面就来介绍一下几种常见意外伤害的急处理。

擦伤

如果孩子不小心擦伤了，皮肤出现出血和破损，可用碘油、酒精、红药水涂伤口周围的皮肤，用干净消毒纱布包扎好。如果没有碘酒、酒精，可用干净的水清洗伤口，然后涂上抗菌软膏，再贴上创可贴。如果擦伤面积太大，伤口上沾有无法自行清洗掉的沙粒、脏物，还是应当带孩子及时就医。

烫伤

及时用冷水冲洗烫伤处。不要在伤处涂抹植物油或者其他油脂，容易引起感染。用干净的棉布包裹伤口，如果伤口严重应立即去医院。

中暑

一旦发现宝宝有中暑的症状，你也不要惊慌，立即将宝宝移到通风、阴凉、干燥的地方，如走廊、树荫下。让宝宝仰卧，解开衣扣，脱去或松开衣服。如宝宝的衣服已被汗水湿透，应及时给宝宝更换干衣服，同时打开电扇或开空调，以便尽快散热，但风不要直接朝宝宝身上吹。用凉凉的湿毛巾冷敷宝宝头部，或给宝宝洗温水浴。在宝宝意识清醒前不要让其进食或喝水，意识清醒后可让宝宝饮服绿豆汤、淡盐水等解暑。

误服药物

如果误服的是毒副作用很小的一般性药物且剂量较少，可让孩子多饮凉开水，使药物稀释并及时从尿中排出。如果吃下的药物剂量大且有毒性，或副作用大（如误服避孕药、安眠药等），则应及时送往医院治疗，切忌延误时间。值得注意的是，在送往医院急救时，应将错吃的药物或药瓶带上，让医生了解情况，及时采取解毒措施。

●其他意外

证件丢失

如发生护照遗失的情况，如果知道在哪里被偷的，赶紧回去找！有些有"职业道德"的小偷，不会拿钱和卡之外的东西，你可以在周边找找，不要放过垃圾桶，还要通知现场的警察和工作人员。如果够幸运，说不定就能从中翻出护照来。如果找不到应及时向就近的警察署或警察报案，寻求警方的协助，请警方出具必要的遗失证明等，并及时与我国驻日大使馆联系。

中华人民共和国驻日本各主要城市使领馆

名称	地址	电话	网址
中华人民共和国驻日本国大使馆	东京市都港区元麻布3-4-33	03-34033380	www.china-embassy.or.jp/chn/
中华人民共和国驻大阪总领事馆	大阪市西区矶本町3-9-2	06-64459481	www.osaka.china-consulate.org/chn/
中华人民共和国驻札幌总领事馆	札幌市中央区南十三条23-5-1	011-5635563	www.sapporo.china-consulate.org/chn/
中华人民共和国驻名古屋总领事馆	名古屋市东区东樱2-8-37	052-9321098	www.nagoya.china-consulate.org/chn/
中华人民共和国驻福冈总领事馆	福冈县福冈市中央区地行浜1-3-3	092-7131121	www.chn-consulate-fukuoka.or.jp/chn/
中华人民共和国驻长崎总领事馆	长崎县长崎市桥口町10-35	095-8493311	www.nagasaki.china-consulate.org/chn/
中华人民共和国驻新潟总领事馆	新潟县新潟市中央区西大畑町5220-18	025-2288888	www.niigata.chineseconsulate.org/chn/

潮爸辣妈提示

1.旅途中用完护照后，最好随手就放到包里，不要一直拿在手上。未成年旅客护照最好由同行的家长或领队统一保管。

2.在出入境证件最后一页的"应急资料"栏中填写好地址和联系电话，这样一旦被拾获就能及时联系到失主本人。

3.在国外购物时，要避免露富，防止被小偷盯上。不要将护照和钱包放在一起，要分别存放防止意外。同时，在临上飞机前，不要突击购物，防止忙中出错将护照遗失。

4.随身带护照复印件即可，只有住店和乘飞机时才需要使用原件。

行李遗失

如果行李找不到了，可以持登机证上的行李注册存根向航空公司查询，请工作人员帮忙查找。万一还是找不回来，则须填写报失单，最好要详细地写清楚行李箱中的物品和价格，并保留一份副本和机场服务人员的姓名及电话，如果你的行李在3天内没有被找到的话，航空公司会按照合同给予赔偿。

贵重物品遗失

游客最好将信用卡、银行卡的卡号，旅行支票的支票号码记下来，有些贵重物品可以放在酒店的保险箱内。如果信用卡或银行卡丢失，应及时与信用卡发行商取得联系，请其停止有关信用卡业务。若旅行支票丢失，只要支票的复签栏没有签名的话，丢失也不会有太大的影响，不过事先要把支票的号码记下来，可以方便补办和申请赔偿。

地震了怎么办

1.在野外时，应尽快避开山脚、陡崖、河岸等危险环境，以防出现山体滑坡、滚石、泥石流等。在市区要避开高大建筑物，要远离高压线及石化、化学、煤气等有毒的工厂或设施。

2.在商场、展览馆、影剧院、体育馆等场所不要慌乱，应选择结实的柜台、商品、座椅下或柱子边以及内墙角等处就地蹲下，用手或其他东西护头；避开玻璃门窗或柜台，避开高大不稳的货架和吊灯、电扇等悬挂物，震后应有秩序地迅速撤离。

3.在行驶的汽车、电车或火车内，应抓牢扶手，以免摔伤，同时要注意行李掉下来伤人。地震后，迅速下车向开阔地转移。

4.在震中区，从地震发生到房屋倒塌，来不及跑时可迅速躲到桌下、床下及紧挨墙根下和坚固的家具旁，趴在地下，闭目，用鼻子呼吸，保护要害，并用毛巾或衣物捂住口鼻，以隔挡呛人的灰尘。正在用火时，应随手关掉煤气开关或电开关，然后迅速躲避。

5.在楼房中，应迅速远离外墙及其门窗，可选择厨房、浴室、厕所、楼梯间等空间小而不易塌落的空间避震，千万不要外逃或从楼上跳下，也不能使用电梯。

孩子生病了怎么办

带着小孩旅行，最担心的事情莫过于小孩在旅途当中生病，例如孩子晕车、发烧、拉肚子、过敏等，父母最好在出前先请儿科医生开一些备用的药，如果途中备有常用药品，就可以一解"燃眉之急"了。下面就详细介绍一下孩子生病的解决办法。

● "灵丹妙药"百宝箱

旅行必带的常用药品	
症状	**药品**
治疗外伤的药物	酒精棉、纱布、创可贴等
治疗发热、感冒、咳嗽和化痰药物	如泰诺、美林等
必要的消炎药物	如阿莫西林、阿奇霉素
治疗便秘的药物	如杜秘克、开塞露
治疗腹泻的药物	如多粘菌素、力百汀以及治疗脱水的口服补液盐
纠正睡眠的药物	如苯海拉明、水合氯醛
晕车药	如苯海拉明（年龄小的宝宝）、茶苯海明（学龄儿童）

孩子晕车了怎么办

有些孩子在乘坐交通工具时会出现晕车的症状，例如头晕、恶心、甚至呕吐等。对于学龄以上的儿童则可服用茶苯海明，每次服用25毫克，于乘车前30分钟服用。

便秘，难言之隐

生活规律的改变，来到日本饮食的不适应，常常会造成孩子便秘。一定要多给孩子吃些富含纤维素的蔬菜等食物，必要时需使用开塞露辅助排便，还要服用杜秘克等软化大便的药物。

拉肚子了好难受

在旅行路上孩子可能出现腹泻的症状，主要表现为发热、呕吐、腹泻，甚至可出现脱水。除了特别注意饮食卫生外，要及时给孩子补充充足的水分，特别是含有糖分和电介质的口服补液盐。同时应该服用消炎药，治疗急性胃肠炎常用的消炎药为多粘菌素、力百汀等。最好不要给孩子服用呋喃唑酮、小檗碱等成分的药物，这些药物可能对孩子的生长发育有些影响。

日本主要旅游城市的医院

城市	医院	地址	电话	网址
东京	Ichimiya Clinic	665-787 Kitsuki, Oita Prefecture	081-978621233	www.kdt.ne.jp
	Kawakita General Hospital	1-7-3 Asagayakita, Suginami, Tokyo	0813-33392121	www.kawakita.or.jp
	Koto Clinic	1-36-5 Ojima, Koto, Tokyo	0813-36819509	www.koutou.nankatu.or.jp
大阪	Osaka University Hospital	2-15 Yamadaoka, Suita, Osaka Prefecture	0816-68795111	www.hosp.med.osaka-u.ac.jp
	Nakano Clinic	4Chome-5-19 Nakamiya, Asahi Ward	0816-69550110	www.nakano-clinic.jp
名古屋	Nagoyadaiichi Red Cross Hospital	3-35 Michishitacho, Nakamura Ward, Nagoya	08152-4815111	www.nagoya-1st.jrc.or.jp
	Lawson Nagoya University ospital	65 Tsurumaicho, Showa Ward, Nagoya	08152-7442938	www.lawson.co.jp
	Nagoya Central Hospital	3-7-7 Taiko, Nakamura Ward, Nagoya	08152-4523165	www.nagoya-central-hospital.com
小樽	济生音乐会小樽医院	小樽市梅之枝町8-10	0134-254321	www.saiseikai-otaru.jp

●日本旅游热门用药

如果在日本孩子感冒、发烧，可是父母没有准备好相关的药品，可以在日本的药妆店或者诊所中买一些常规药品。

日本旅游常用药		
药物名称	功效	图片
白兔止痛片	有效止痛，低刺激低副作用，偏头痛都管用	
参天玫瑰眼药水	裸眼和戴眼镜的都可以用，专为女生设计	
毛周角化药膏	去角质、促进血液循环、改善肌肤偏红情况，以及去除突如其来的鸡皮肤	
撒隆巴斯镇痛贴	日本销量第一的镇痛贴，能有效消除痛感，舒缓肌肉	
龙角散	治疗长久咳嗽，除痰止咳、清肺、咽喉炎症，包括干咳和痰咳	
小林命母	更年期障碍生理不顺、生理痛、腰间腹部酸痛、怕冷、贫血、血压异常、头痛等，献给妈咪最好的礼物	
大正口腔溃疡贴	直接贴于患处，马上就见效，完全无怪味	
黄汉棠清肠便秘丸	15岁以上每天睡前服用2～3粒，15岁以下1～2粒，消除便秘	
白兔牌美白丸	不只是美白，对于湿疹、黑色素沉淀、宿醉都有很好的功效	

出游方式

跟团游

父母如果担心语言问题，或者初次出国旅行缺乏经验，那么可以选择跟团旅行。跟团游适合经济上宽裕，平时比较忙的一家人。在游玩的过程中，孩子也能结交到同行的朋友。但跟团游的前提是要找一个比较可靠的旅行社，然后去旅行社交涉一些事项，如果交付费用的话，一定要签订旅行合同，并向旅行社索要发票。

● 选择合适的旅行社

跟团旅行，要选择正规、大型的旅行社。如果选错了旅行社，不仅比别人多花了钱、玩不痛快，还有可能遇到危险，更有一些不负责任的旅行社勾结旅游点的商店行骗。下面给大家分享一下选择旅行社的时候应当注意的几点。

1.查看旅行社资质。你首先要看的就是《旅行社业务经营许可证》，还需要《法人营业执照》。对于一些自己不明白的地方可以打电话给当地的旅游管理局咨询。

2.详细询问行程表。如果行程表上标明的地方没有去，就说明旅行社偷工减料。另外要看这个表中是否要去一些需要另外花钱的地方。

3.明确往返交通工具。要问清楚是哪家航空公司的飞机，要确定火车的座席等级；不同档次的交通工具，价格是不相同的。

4.要了解住宿的档次、标准。一般旅行社住宿标准有两种，一种是经济团住宿标准，一般安排普通房间，4~5人一间，不带卫生、沐浴设施；另一种是标准团住宿，一般安排标准客房，2~3人一间，有卫生、沐浴设施，有空调、电视、电话等。

5.看是否提供费用细目表。去日本旅游的旅行费花在哪里，你知道吗？有些旅行社是提供这个表的，有的就没有，尽量选择可以提供详细花费的旅行社。

6.看旅行路线是否适合自己。不同的旅行社提供的路线是不一样的，这就需要爸妈看旅行社提供的路线是否是自己想去的。

潮爸辣妈提示

1.不要太追求低价旅行社，因为同样的路线在车费、住宿费上都能省出来，但是旅行的品质就大大降低了。到时候住得不好，孩子会говорит不舒服。

2.最好能多了解几家旅行社，做咨询和调查，货比三家。不要轻信旅游广告，不要贪图价格便宜，牢记一分价格一分货。

游客可以在国内报团，也可以到了日本的城市再报团（详见日本各城市的资讯）。中国国内有影响力的旅行社有中国旅行社（简称"中旅"）、中国国际旅行社（简称"国旅"）、中国康辉旅行社、中青旅、锦江旅行社、春秋旅行社、广之旅、中信旅行社等。

部分旅行社相关信息			
旅行社	地址	电话	网址
中国旅行社（北京）	北京市朝阳区霞光里15号霄云中心B座12层	400-6006065	www.ctsdc.com
中国国际旅行社（广州）	广东省广州市越秀区沿江东路421号	020-83279999	www.ctsho.com
中国青年旅行社（上海）	上海市黄浦区黄陂北路228号	400-6777666	www.scyts.com

自助游

自助游是一种不受约束、比较随性的旅行方式。在自助游的过程中，你可以和孩子去住日式旅馆、青年旅舍等地，在这些地方，更能让你了解到日本的风土人情。不过自助游并不是没有计划的旅行，你要在去日本之前，做一个比较好的计划，让自己的旅行轻松、完美。

自驾游

日本的道路设施非常完善，所以自驾游也是一种非常受欢迎的旅行方式。但需要注意的是，持中国大陆驾照无法在日本租车和自驾，虽然在租车时，你只需登记信用卡和护照同时交纳一定费用就可租车，但一旦被警察查到，会入黑名单，永久无法入境日本。

⭐ 如何在日本乘JR列车

日本是铁路交通网非常发达的国家，很多人旅行都会选择JR列车（新干线）。JR列车由日本最大的铁路公司JR（日本铁道）集团负责运营，以正点和安全性高而著称，主要种类有新干线、特急、急行、快速、普通等类型。JR列车通行的城市包括东京、仙台、新潟、名古屋、大阪、博多等。

● 日本铁路周游券

如果想乘坐JR列车的列车观光，但又不想买高昂的单程票的话，就可以购买方便、划算的"日本铁路周游券"（JR Pass）。有了"日本铁路周游券"后，你就可以在规定的日期内无限期乘坐日本JR列车和与JR列车有关的巴士和轮渡。而且儿童（6～11岁）购买"日本铁路周游券"时，可以享受半折优惠。

类型	普通车厢		绿色车厢（指特等车厢）	
	成人	儿童	成人	儿童
7日	29110日元	14550日元	38880日元	19440日元
14日	46390日元	23190日元	62950日元	31470日元
21日	59350日元	29670日元	81870日元	40930日元

日本铁路周游券类型及票价

值得注意的是，"日本铁路周游券"在日本国内没有出售，游客需在JTB International、日本旅行、近畿日本Tourist、东急观光等的海外办事处购买"周游券的兑换票"，或者在日本航空公司设在中国的办事处购买"周游券的兑换票"。在达到日本后，再去指定的日本国内换票处，凭事先买好的"周游券的兑换票"，换取"日本铁路周游券"。

乘坐须知

JR列车因时间段、路段的不同而实行不同的票价，而且火车内座席和卧铺的票价也不同，因而在买票之前先确定好自己的乘坐时间和乘坐的席别。日本乘坐火车的人比较多，其最早可以提前1个月购买特急和新干线的预订席火车票。日本火车站的设施都很好，有自动购票机、火车时刻查询表，非常方便。

●1.在车站或网上买票

在中国购买

赴日前，请在有GDS(Global Distribution System)终端的旅行代理商等购买换票证。到达日本后，到兑换点出示你在旅行代理商等购买的换票证和护照。在核对好你的使用条件等相关信息后，工作人员给予兑换成通票。

在线购买

你可以在日本各地负责JR铁路运营的官网上购买，如JR东日本铁路的官网是www.jreast.co.jp。当你打开日本JR铁路的官网后，可以按照上面的中文指示购买火车票。通过网站购买换票证，然后将通过邮件发送给旅客的换票证

（电子车票）打印出来，带到日本。到达日本后，请到指定的兑换点，出示换票证打印件和护照。核对好你的使用条件等相关信息后，给予兑换成通票。

潮爸辣妈提示

1.换票证为电子车票，请打印出电子车票的具体内容（姓名、预订编号、机票编号），出示给工作人员。

2.请在自换票证发行日起的3个月内兑换成通票。

在日本购买

请到日本JR通票销售点出示护照。核对好你的使用条件等相关信息后，给予发售通票。值得注意的是，每名旅客在一次旅日期间限购一张。（通票到期之前，不可重新购买。）

●2.在站台乘车

买好票之后，最好提前1小时到达火车站，这样可以有充足的时间寻找火车发车站台。在进入火车站后，先要通过自动检票机检票，然后再寻找显示各车次信息的电子显示牌，然后按照上面的信息找到所乘列车的发车站台。

之后，在站台上寻找所乘车厢的上车排队地点，在新干线的站台上都标有自由席、指定席和绿色车厢的车号位置，要在指定的位置排队上车。绿色车厢和指定席的票面上标有座位号码，乘客需在指定的座席入座。如果购买是自由席的车票，只要自由席车内有空坐，就可以自由入座。

●3.到站下车

JR列车到站后，一般会有列车长通过广播用中文告知乘客到了哪里，火车上也有液晶显示屏显示站点信息。如果你没听清广播，可以向身边的人或者火车上的人询问具体到站时间和你该在哪个站下车。

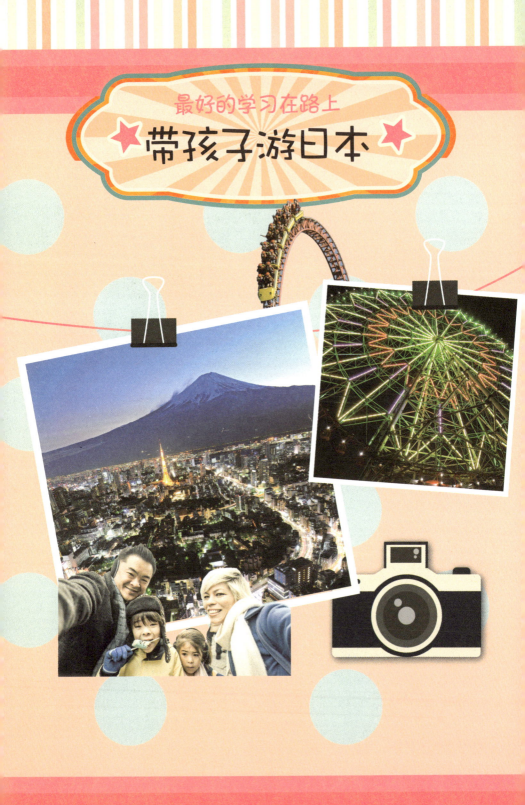

最好的学习在路上

带孩子游日本

PART2

带孩子游东京

075 > 107

　　东京是日本首都及最大的城市，经济发达，与美国纽约、英国伦敦、法国巴黎并称为"世界四大国际大都市"。带孩子游东京，可以感受到东京独特的魅力，可以和孩子去东京迪士尼乐园中尽情释放自己的童心，可以登上东京铁塔感受浪漫，可以去浅草寺诚心许下你的愿望，求一支灵签，可以去三丽鸥彩虹乐园中与Hello Kitty、酷企鹅、美乐蒂、大眼蛙等可爱的卡通明星亲密拥抱，拍照留影，或者在樱花树下欣赏灿烂的樱花，一定美妙无比。

带孩子怎么去

优选直达航班

目前乘坐飞机从中国能直达日本东京的城市主要是北京和上海。对于带孩子出行的游客来说，能够乘坐自己所在城市到日本目的城市有直达航班，可谓是一大福音。游客可以参考下面的信息，选择航班。表格中的出发时间是以北京时间为准，到达时间是日本当地时间。东京时间比北京时间早1小时（标准时差）。

从中国到东京，承运直达航班的航空公司主要是中国国际航空公司和中国东方航空公司，这两家公司都能够提供中文服务，适合于带着孩子、首次出境游玩的游客。承运需中转航班的航空公司很多，信誉度比较高的有全日空航空公司，游客可据需求选择。

中国到东京的直飞航班资讯						
承运公司	航班号	班次	路线	出发时间	到达时间	北京时间
中国国际航空公司	CA925	每天均有	北京→东京（成田机场）	9:10	13:40	12:40
	CA421	每天均有	北京→东京（成田机场）	16:45	21:00	20:00
	CA157	每天均有	上海（浦东机场）→东京（成田机场）	17:20	21:00	20:00
	CA919	每天均有	上海（浦东机场）→东京（成田机场）	14:15	18:00	17:00
	CA167	周日、周三	北京→东京（成田机场）	13:25	17:55	16:55
中国东方航空	MU9815	每天均有	上海（虹桥机场）→东京（羽田机场）	9:05	12:30	11:30
	MU523	每天均有	上海（浦东机场）→东京（成田机场）	9:10	12:50	11:50
	MU537	每天均有	上海（虹桥机场）→东京（羽田机场）	9:40	13:30	12:30
	MU521	除周四外，每天均有	上海（浦东机场）→东京（成田机场）	12:00	15:55	14:55
	MU271	每天均有	北京→东京（成田机场）	14:05	20:55	19:55

巧法"倒时差"

由于日本的东京时间比中国的北京时间早1小时，所以到达日本后不用"倒时差"也可以轻松游玩。

从机场到东京市

东京有成田机场和羽田机场，两个机场间有电车和巴士连接往来。从中国前往东京，一般都在成田国际机场降落，该机场位于东京附近的千叶县。成田国际机场目前主要面向日本国内和韩国的一些航班。

●从成田机场出发

成田国际机场位于千叶县成田市，简称成田机场，国际航班多在这里起降。它是日本最大的国际机场，也是日本航空、全日空、达美航空的枢纽机场。虽然客流主要是前往东京的，但这里与东京市中心相距较远。

■ 地址：1-1 Furugome, Narita, Chiba Prefecture ■ 网址：www.narita-airport.jp

成田国际机场至东京市区的交通

交通方式	英文	介绍	时间及票价
成田特快	Skyliner Access	在机场第2候机楼站乘坐Skyliner，上车后中途不停站，全车为指定座位，1小时最多3班次	约35分钟，2465日元
京成特快	Morningliner Eveningliner	"京成特快"速度较慢，但是发车次数更多，每20分钟一班	前往上野站约2500日元，约40分钟
出租车	Taxi	出租车有一般出租车和定额出租车，价格很贵	从机场到新宿约110分钟，约30000日元
机场巴士	Bus	在候机楼发车，直达东京站、东京迪士尼、银座、羽田、池袋、新宿等地区，但需时间较长	机场巴士车票为3000日元/人，15分钟一班

●从羽田机场出发

羽田机场正式名称为东京国际机场，是日本少数可以24小时供航班起降的机场之一。羽田机场以营运日本国内航线为主，不过也有部分国际航班使用该机场。

■ 地址：东京市大田区，多摩川河口的左岸 ■ 网址：www.tokyo-airport-bldg.co.jp

羽田机场至东京市区的交通

交通方式	英文	介绍	时间及票价
利木津巴士	Limousine Bus	车站位于机场国内线区1楼，停靠站有赤板、池袋、品川、银座、新宿等	约需60分钟车程，1200日元
东京单轨电车	Tokyo Monorail	车站位于机场国内线区的B1，从羽田机场到终点滨松町，下车后可再转乘JR山手线抵达想去的目的地	约需20分钟车程，票价为490日元
京滨特快电车	Keihin Kyuko	本电车与JR山手线品川站相连接，转车也十分方便	约需14分钟车程，票价为400日元
出租车	TAXI	从羽田机场到新宿约60分钟	约15分钟车程，9000日元左右

亲子行程百搭

市内百搭

东京初印象路线

搭乘东京地铁日比谷线至六本木站，从1C出口直通六本木新城

❶ 六本木新城 `3小时`
Roppongi Hills

乘坐Hibiya Line在Kamiyacho Station站下，步行前往东京铁塔

❷ 东京铁塔 `2小时`
Tokyo Tower

搭乘电车百谷海鸥零至芝浦码头站下车，再步行至彩虹大桥

❸ 彩虹大桥 `1小时`
Rainbow Bridge

向东北方向步行，约10分钟可到

❹ 台场海滨公园 `2小时`
Odaiba Seaside Park

历史路线

从京成线的京成上野站步行3分钟

❶ 不忍池 `2小时`
Shinobazu Pond

向北前行900米

❷ 上野公园 `4小时`
Ueno Park

从上野站乘坐Ginza Line至浅草站下，向北步行可到

❸ 浅草寺 `2.5小时`
Senso-ji

向西北步行约100米，可见绿苑酒郎（Tavern On the Green），出公园向东北步行约200米，进入公园向东步行即到

❹ 吾妻桥 `1小时`
Azumabashi

走走停停看风景路线

乘坐日比谷线在日比谷站下车，步行2分钟即可到达

❶ 日比谷公园 `1小时`
Hibiya Park

乘坐Yurakucho Line在九段下站下车，再步行约3分钟到

❷ 千鸟渊 `1小时`
Thousand Birds Sento

向东南前行1000米左右，约15分钟可到

❸ 日本武道馆 `2小时`
Nippon Budokan

从Kudanshita Station站乘坐Yurakucho Line，从地下铁二重桥车站徒步约5分钟

❹ 二重桥 `1小时`
Nijubashi

不忍池 Shinobazu Pond
小石川后乐园
上野公园 Ueno Park
浅草寺 Senso-ji
墨田区
吾妻桥 Azumabashi
户山公园
水道桥
横纲町公园
千鸟渊 Thousand Birds Sento
两国
浜町公园
中和小
猿江恩赐公园
成女高花园小
日比谷公园 Hibiya Park
千代田区
日本武道馆 Nippon Budokan
秀雄
六本木新城 Roppongi Hills
二重桥 Nijubashi
中央区
东京海洋大
东阳中
都立青山公园
有栖川宫纪念公园
芝公园
兴海运动公园
潮见运动公园 梦の岛公园
江东区
东京铁塔 Tokyo Tower
杉野服饰大学
林试の森公园
彩虹大桥 Rainbow Bridge
山手线
东京海洋大
台场海滨公园 Odaiba Seaside Park

东京市内百搭路线示意图

周边百搭

简简单单玩迪士尼路线

搭乘JR京叶线、武藏野线，在舞滨站南口下车即到

❶ 卡通城 (2小时)
Cartoon City

⌄ 从西北方向步行可以到

❷ 梦幻乐园 (1小时)
Dream of Paradise

⌄ 想西南方向步行可到

❸ 动物天地 (2小时)
Animal World

⌄ 向东南方向步行可以到

❹ 西部乐园 (2小时)
Western Paradise

亮点

1. 东京迪士尼乐园：带孩子玩各种娱乐设施
2. 东京铁塔：观看东京夜景
3. 三鹰之森吉卜力美术馆：乘坐龙猫巴士
4. 大江户温泉物语：泡温泉
5. 上野公园：赏樱花
6. 高达博物馆：购买高达的纪念品

东京铁塔

　　东京铁塔（Tokyo Tower）是一座以巴黎埃菲尔铁塔为范本而建造的红白色铁塔。父母最好在晚上和孩子一起去游览东京铁塔，这时候的东京铁塔和白天比起来显得更加温暖，在夜色中尤为璀璨夺目。登上展望台，可以俯视整个东京的美景，街灯、大楼、车灯闪烁，整个东京像撒满钻戒宝石的藏宝箱。还可以在这里享受战战兢兢的空中漫步。不管是对于男孩还是女孩，也许在心中都曾深藏着一个关于铁塔的梦，在这里，父母可以和孩子在这浪漫的铁塔之上，留下一段美好的记忆。

适合孩子年龄：4～17岁
游玩重点：观赏展望台

亲子旅行资讯

✉ 日本东京都港区芝公园4－2－8
🚇 乘地铁到三田站、东京塔、赤羽桥站下可到
🌐 www.tokyotower.co.jp
💴 大眺望厅成年人900日元，儿童500日元
🕘 9:00～22:00
📞 03-34335111

潮爸辣妈提示

　　乘坐电梯首先到达的是东京铁塔大眺望厅2楼，这里有双筒望远镜出租。在此可以出租一个望远镜，站在瞭望台上用望远镜可以看到远处美丽的夜景。这里还有一个小型神社，据说祈求恋爱顺利和考试及格很灵。在纪念品商店可以买到东京铁塔模型、吉祥物Noppon等各种商品。

东京迪士尼度假区

东京迪士尼乐园

适合孩子年龄：6～12岁
游玩重点：进入灰姑娘城、来到梦幻园、观看游行、进入卡通城

东京迪士尼乐园（Tokyo Disneyland）是目前全球最大的迪士尼乐园，被誉为"亚洲第一游乐园"。在这里不仅能到以灰姑娘城堡为中心的梦幻乐园感受一下童话世界的生活和故事，还能到"小小世界"里去逛逛，一边听着由世界各国儿童演唱的"小小世界"，坐着小船，从欧洲、亚洲、非洲一直到中南美洲和大洋洲。园内的舞台以及广场上定时会有唐老鸭、米老鼠等卡通人物的表演和盛装游行，当色彩缤纷的花车载着这些卡通人物经过你们的面前时，相信你们一定会忍不住绽放笑容、开怀欢呼，在这宛如童话的世界中尽情释放自己的童心。

亲子旅行资讯

- ✉ 日本千叶县舞滨地区东京湾畔
- 🚗 搭乘JR京叶线、JR武藏野线、JR中央快捷线、JR山手线在舞滨站下可到，成田机场成直达巴士到达景区
- 🌐 www.tokyodisneyresort.jp
- 💰 一日票18岁以上成人6900日元；12～17岁学生6000日元，4～11岁儿童4500日元，3岁及以下儿童免费，60岁及以上老人6200日元
- 🕐 周一至周五9:00～22:00，周六、周日8:00～22:00
- ☎ 045-3305211（国际电话）

世界市集

世界市集的便士拱廊下的霓虹灯绚丽多彩，里面设有弹珠台、棒球机等各式各样的游戏机，一定让你欢呼不止。而且只需一些零钱，就能让你玩得不亦乐乎。迪士尼画廊展示了由迪士尼艺术家们创作的各类艺术作品，画廊内还开设有绘画班，你可以在此轻松愉快地学习如何画出米奇和他的伙伴们。

探险乐园

探险乐园有加勒比海盗、丛林巡航、西部沿河铁路、鲁滨孙家族大树屋等游乐项目。你们可以乘坐游船，穿梭在四溅的水花中，这时凶暴的海盗们会突然出现眼前，让这场冒险之旅变得惊险而刺激；在茂密的热带丛林中探秘，突然喷出水柱的大象、汹汹来袭的河马，以及纯朴的原住民，一定带给你其乐无穷的乐趣；还能乘坐蒸汽机车沿着探险乐园、动物天地、西部乐园环行一周，沿途的风景一定会让你得到更多新的发现。

西部乐园

西部乐园有西部乐园射击馆、乡村顽熊剧场、豪华马可吐温号、巨雷山、顽童汤姆之岛巨木筏等娱乐项目。巨雷山下，美国河域缓缓流淌，汽笛声随风飘扬，有时还会听见无人驾驶的疯狂采矿车快速通过的轰鸣声，这是小勇士门不可以错过的挑战。

动物天地

动物天地有飞溅山、海狸兄弟独木舟历险两大娱乐项目。还记得迪士尼经典电影"南部之歌"中可爱的小动物们吗？沿着美国河域及陡峻的飞溅山坡，处处可见这些小家伙们温馨可爱的小窝。在飞溅山的瀑布上俯冲而下，一定非常刺激无比。

梦幻乐园

灰姑娘城堡优雅地耸立于五彩缤纷的梦幻乐园中，在这里你可以遇到灰姑娘、爱丽丝、米奇等，赶快加入你最喜爱的童话人物行列中，和他们一起畅游如梦似幻的故事王国。或者到幽灵公馆中，在诡异的雕像注视之下，穿过厚重的大门，居住于此的999个幽灵的眼睛发出阴森的光芒，坐上巡游车之后，深入幽灵宅邸的旅程即将展开，敢不敢来这里接受胆量的考验？

卡通城

这里有米奇公馆、美妮公馆、兔子罗杰卡通转转车、奇奇帝帝橡树屋、唐老鸭汽船等都非常有趣的娱乐项目，并且前往随处可见卡通人物居住的小屋，穿过色彩鲜艳、朝气蓬勃的街坊，到米奇、美妮、唐老鸭等卡通人物的家去做做客，一定是一件极为美妙的事。

明日乐园

明日乐园包括怪兽电力公司"迷藏巡游车"、星际旅行冒险续航、太空山、巴斯光年星际历险、伊欧船长、星星火箭、大赛车场等游乐设施。你可以自由自在地翱翔星际，体验宇宙的无限可能，还能拿起配备于太空战艇上的光线枪，瞄准不断来袭的机械兵以及札克大王的秘密武器。对了，可别忘了参加年度"最佳发明家"的颁奖典礼哦！

东京迪士尼海洋公园

东京迪士尼海洋公园（Tokyo Disney Sea）位于东京迪士尼乐园旁边。走进园内可以看到一望无际的水面上有多桅杆的古船，你可搭乘蒸汽船游乐7个主题海港游玩，开始一段紧张、探险、冒险的惊奇、惊喜之旅。巨大的"活火山"伴随着隆隆响声，不断地喷火吐烟。夜晚，激光与焰火交织辉映，水上舞台表演高潮迭起，一定给你带来非凡的视觉体验。

适合孩子年龄：6～17岁
游玩重点：乘船游览地中海港湾、进行神秘岛火山探险、观看游行表演等

📎 **亲子旅行资讯**

✉️ 日本千叶县舞滨地区东京湾畔

🚌 搭乘JR京叶线、JR武藏野线、JR中央快捷线、JR山手线在舞滨站下可到，成田机场成直达巴士到达景区

🎫 1日票18岁以上6900日元，12～17岁600日元，4～11岁4500日元，65岁以上6200日元

☎️ 045-3305211（国际电话）

地中海港湾

地中海港湾(Mediterranean Harbour)有3种游乐设施，分别是迪士尼海洋渡轮航线、威尼斯贡多拉游船、要塞探险。港湾内有威尼斯水上贡多拉游船，你可以乘坐小船从"地中海港湾"出发，通向园内最深处的"失落河三角洲"，发现让你惊喜的美景。在要塞探险中，孩子还能亲手操纵飞行器、大炮，以及形形色色的航海工具，体会航海的乐趣。

美国海滨

美国海滨(American Waterfront)有惊魂古塔、玩具总动员疯狂游戏屋、迪士尼海洋电气化铁路、龟龟漫谈、渔村迎宾小屋等游乐设施。海滨旁停泊着已退役的巨型哥伦比亚号游船，你可以在这里欣赏到米奇家族的劲歌热舞Show。而惊魂古塔则是一个恐怖饭店，这里的离奇景象令人毛骨悚然，除了体验惊险刺激的自由落体外，也不要忘记找出隐藏在饭店各处的神秘线索哦！

发现港

发现港是一个以探索天空及海洋威力为主的主题馆，在雷暴飞行中，你要搭乘气象观测飞机"风暴骑士"前往暴风中心，不料，发射出的"暴风克星"却因遭受雷击而失去了控制！飞船机舱内，随着座椅的震动、导弹头的忽然插入，还有因配合机舱破裂而落下的小水花，绝对是一次精彩刺激的雷暴飞行体验。

失落河三角洲

失落河三角洲(Lost River Delta)是一处被覆盖隐藏在密林中的古代遗迹。这里高高燃起的火焰、四处弥漫的雾气，到处都"危机重重"，在供奉古代神灵遗迹的发掘现场，种种骇人的怪异现象接连发生，不过，现在正是你亲自去查明这些超自然现象的好机会！

阿拉伯海岸

阿拉伯海岸(Arabian Coast)是个由精灵施法变出来的王国，宛若天方夜谭的世界，充满了未知的神秘。这里有茉莉公主的飞天魔毯、辛巴达传奇之旅、神灯剧场等游乐设施。来到这里，你可跟随沙漠商队骑着传说中的奇禽异兽远行、也可加入在仙巴的带领下，坐在游船上，亲历他的冒险之旅，或者观看神灯精灵施展他的神奇魔力。

美人鱼礁湖

美人鱼礁湖(Mermaid Lagoon)是一个以迪士尼电影《小鱼仙》而设的主题园区，这里有会跳的七彩水母、小型过山车、梦幻咖啡杯，还有不断转圈的鸡泡鱼，充满童话故事般的梦幻感觉，是带孩子游玩的最佳选择。

神秘岛

神秘岛(Mysterious Island)有地心探险之旅、海底两万里等游乐设施。可以坐进地心行走车，环游充满神秘和奇异景观的世界，光彩夺目的水晶洞窟、巨大的蘑菇森林，在你陶醉于这些自然神奇中时，"危险"正一步步接近。当你看着滚滚岩浆流过身边，然后再高速飞越山洞，一定会感到紧张和刺激。

潮爸辣妈提示

1.最好避免双休日、黄金周等高峰时间前往。在入园时有安检，不能携带食物和饮料入内。在两个游乐园入口以及乐园区的大街服务所和海洋区的来宾服务所可免费领取中文版游园地图，也别忘了拿一份当天的演出时间表。

2.游园地图标有能和迪士尼明星合影的地方，你和萌娃一定不要错过哦。

台场海滨公园

台场海滨公园（Odaiba Seaside Park）是一座人工海滨公园，在公园的码头可以乘坐水上巴士，乘船游览东京湾。公园内还有很多白色的海鸥，海鸥成群地在水面和空中飞翔，可以喂喂海鸥，伴着海风漫步。这里还拥有东京都内唯一的沙滩，父母可以带孩子来这里观赏海景、在岸边玩水嬉戏，或者在沙滩上玩沙滩排球或者堆沙滩城堡，在这里没准还能遇到拍摄偶像日剧的剧组呢。

适合孩子年龄：6～11岁
游玩重点：喂海鸥、戏水、在沙滩上堆城堡

亲子旅行资讯

✉ 东京都港区广场1-4-1

🚃 搭乘电车百合海鸥号，至台场海滨公园站或台场站下车，再步行3分钟即到

🌐 www.family.co.jp

☎ 03-35709228

潮爸辣妈提示

公园内还有一座迷你的自由女神像，父母可以为孩子介绍自由女神像的故事，背后的彩虹大桥是拍照的好背景，一家人可在此合影留念。值得注意的是，在沙滩边戏水要注意安全，并且不要游泳。

日本科学未来馆

适合孩子年龄: 6～11岁
游玩重点: 喂海鸥、戏水、在沙滩上堆城堡

日本科学未来馆（Miraikan）是一处汇集日本的智慧与技术、令人大开眼界的设施。科学未来馆里展示了日本各种各样的科学技术，从医疗到航空等各个领域。

在这里，你可以和孩子见识到活灵活现的动感机器人，一起穿越时空来到2050年的未来城市，甚至还能在"国际宇宙空间站"里，探秘宇航员们的生活与工作情况，开发孩子对航空的探究欲望。在这个充满科学的世界中，和孩子一起来亲身体验尖端科技带来的魅力吧！

亲子旅行资讯

✉ 东京都江东区青海2-3-6
�︎ 搭乘百合鸥（Yurikamome）号在"船舶科学馆站（Fune-no-kagakukan）"下车，再步行约5分钟
🌐 www.miraikan.jst.go.jp
💰 成人620日元，18岁以下210日元，6岁以下免费。另有免费开放日
🕙 10:00～17:00；周二、12月28日～次年1月1日休馆
☎ 03-35709151

隅田公园

隅田公园（Sumida Park）位于东京浅草与墨田地区交界的隅田川河畔，以江户时期的"墨堤之樱"而闻名于世，有"长堤十里花如云"的美称。4月初，公园内樱花开得热烈而灿烂，你和蹦蹦跳跳的孩子一起走在赏花漫步道上，看美丽的樱花，还能看到不远处的东京晴空塔，这种感觉温馨而浪漫。你们可以坐在樱花树下边赏花边吃美食，到时还能看到各式舞蹈及杂艺团。在7月的最后一周，这里还会举办"隅田川花火大会"，到时可以看到璀璨而浪漫的烟花。当烟花在空中绽放时，一同绽放的还有你们纯真的笑脸。

适合孩子年龄: 3～14岁
游玩重点: 赏樱花、看花火大会

亲子旅行资讯

✉ 东京都台东区浅草7-1
🚫 搭乘东京地铁银座线、都营地铁浅草线、东武晴空塔线至浅草站下车，再步行约5分钟即到
☎ 03-56086951

潮爸辣妈提示

夏季的"隅田川花火大会"一般在7月的最后一个周六18:00左右开始，最好提前2小时以上到达现场，才有机会占据好的位置。可以在会场附近买到大塑料布或者坐垫，最好在坐垫上写上名字。值得注意的是，在看花火时，父母一定要牢牢牵住孩子的手，以免人多混乱走丢。

三鹰之森吉卜力美术馆 ◇◇◇◇◇◇◇◇◇◇◇◇◇◇◇◇◇◇◇◇◇◇

适合孩子年龄: 8~15岁
游玩重点: 乘坐猫巴士、购买纪念品

三鹰之森吉卜力美术馆(Ghibli Museum)是由动画大师宫崎骏亲自设计的,是每一个动画迷心驰神往的梦幻之城。在这里你可以看到《天空之城》里的机器人哨兵站在屋顶花园的灌木丛中,"龙猫"站在接待室里,走在天桥上还会看到《猫的报恩》里的猫咪正趴在窗口偷看你。美术馆的三楼还有一辆猫巴士,小朋友可以在毛茸茸的车厢里钻来钻去,在里面抱抱毛茸茸的猫巴士。来到这里,仿佛走进了童话世界中。纪念品商店里有不同大小的龙猫公仔、千与千寻拼图、天空之城雕刻、精致的猫咪挂件、印有动画场景的雨伞等,不要忘记给孩子带回一件哦。

最好的学习在路上 带孩子游日本

亲子旅行资讯

✉ 东京都三鹰市下连雀1丁目1-83

🚌 从JR中央线"三鹰站"(从新宿乘快车约20分钟)南口步行15分钟

🌐 www.ghibli-museum.jp

💲 成人、大学生1000日元,初高中生700日元,小学生400日元,学龄前儿童(4岁以上)100日元,4岁以下免费

🕙 10:00~18:00(周二闭馆)

☎ 0570-055777

潮爸辣妈提示

1. 参观美术馆采取完全预约制,门票不能当天在现场直接购买,而需提前在美术馆官网预订,或在罗森便利店使用Loppi机自助购买指定参观日期和时段的兑换券,然后再到现场兑换门票。

2. 如果有朋友在日本建议请他代为预订,香港、台湾也有旅行社可代售票。

3. 美术馆内还有主题餐厅,可以在充满动画氛围的餐厅里品尝豚角煮、热狗、蛋包饭、抹茶冰淇淋、大麦茶等美食。

大江户温泉物语

大江户温泉物语（Oedo Onsen Monogatari）位于东京台场，是东京地区极受欢迎的旅游景点。这里有许多被岩石所包围的露天浴池，如果是在夜间，一边泡在温暖的温泉中，一边抬头欣赏繁星满天，一定浪漫无比。对于带宝贝前来的父母，"足汤"是一个可供全家共享温泉欢乐的地方。一家人可以泡在舒适的温泉中，其乐融融。泡完温泉后，可以身穿美丽的和服浴衣前去享受美食，从视觉到味觉，彻底体验古老江户生活。

适合孩子年龄：8～13岁
游玩重点：泡温泉

亲子旅行资讯

✉ 东京江东区青海2丁目6番3号

🚌 百合鸥线电信中心站出口步行约2分钟即到；临海线东京电信站出口有免费往返巴士通行

🌐 www.ooedoonsen.jp

💰 日间票2480日元，儿童(4岁-小学生)1000日元，4岁以下免费

🕐 11:00至次日9:00（7:00停止入馆）

☎ 03-55001126

潮爸辣妈提示

1.泡温泉时应注意不要让宝宝潜水或泼洒温泉水，以免温泉水碰到眼睛而引起不适；若不小心从口鼻吸入，则可能引起肺部发炎或其他的感染。

2.如果不是室内温泉，还要注意室内外温差，要先给孩子披浴巾在身上再出去。

3.泡温泉最好选在两餐之间进行。既不能让宝贝饿着肚子，也不能吃得太饱。如果肚子饿，宝贝容易出现虚脱的症状。

4.下水前要先适应水温，从低水温逐渐过渡到高水温，给血管逐渐扩张的时间，而且尽量选择温度不是非常高的温泉池。

5.小孩子每泡10分钟需上池休息一次，多喝水。也要注意保暖，出来时要给宝贝裹好浴巾，防止受凉。

上野公园

适合孩子年龄： 5~13岁
游玩重点： 赏樱花、看动物、参观博物馆等

上野公园（Ueno Park）是东京最大的公园之一。园内有多处名胜古迹，并建有博物馆、国立西洋美术馆、东京都美术馆及上野动物园林等。此外园内还有近千株樱花，风过之处，落樱雨下，十分壮观，鲁迅那句"上野樱花烂漫时"便是说的这里。你可以和孩子在樱花树下漫步，带孩子欣赏美术馆中有罗丹、莫奈、毕加索、鲁本斯等大家名作，在动物园中和小动物们亲密接触，一定会让你们不忍归去。

亲子旅行资讯

- ✉ 东京都台东区上野公园5-20
- 🚌 乘坐地铁在上野站下车可到
- 🌐 www.kensetsu.metro.tokyo.jp
- 🗓 5:00~23:00，上野动物园9:30~17:00
- ☎ 03-38285644

三丽鸥彩虹乐园

三丽鸥彩虹乐园（Sanrio Puroland）是一家以三丽鸥卡通明星为主题的室内游乐园。也被称为Hello Kitty乐园。在这里你可以看到朝思暮想的Hello Kitty、酷企鹅、美乐蒂、大眼蛙等可爱的卡通明星，你可以和他们亲密拥抱，拍照留影。在梦幻剧场，你可以看到Hello Kitty和她的好朋友跳着精彩的舞蹈；在彩虹天使探险中，你可以坐着飞船飞到天使星球探险，将会亲身验到彩虹天使探险的历程；而且还能亲眼看见火龙与巨人的精彩决斗。赶快带孩子来这里Happy吧！

适合孩子年龄： 8~13岁
游玩重点： 与卡通明星共度美好时光

亲子旅行资讯

- ✉ 东京都多摩市落合1-31
- 🚌 搭乘京王线、小田急线、多摩都市单轨线至多摩中心站下车，再步行5分钟即到
- 🌐 www.puroland.jp
- 💴 平日成人3300日元，3至7岁的青少年2500日元；周六、周日、节假日成人3800日元，3至7岁的青少年2700日元；2岁以下幼儿免费
- 🗓 一般为10:00~17:00
- ☎ 042-3391111

潮爸辣妈提示

三丽鸥彩虹乐园不能携带食物入园，要在园内餐厅用餐。园内的餐厅有自助餐厅也有卡通特色套餐，Hello Kitty套餐一般有数量限定，想要尝试可要早点去购买哦，价格为1200日元，吃完后可将可爱的便当盒可以带走。

新宿御苑

适合孩子年龄：7~12岁
游玩重点：赏樱花

新宿御苑（Shinjuku Gyoen National Garden）是一座融合了日式、英式、法式庭园风格的大型公园，拥有大片的草坪、树木和池塘，而且动画《言叶之庭》中的很多场景在这里都可以找到。春季时这里盛开樱花，大片大片的樱花开得灿烂而热烈，这时带孩子来这里舒展舒展筋脉，活动活动筋骨，是很不错的选择。一家人在碧绿的草地上进行野餐，或者和孩子在池塘边观看游来游去的小鱼，显得自在而惬意。

亲子旅行资讯

- ✉ 东京都新宿区内藤町11
- 🚗 搭乘东京地铁副都心线至新宿三丁目站，从E-5出口步行约5分钟可到
- 🌐 www.env.go.jp
- 💴 15岁以上200日元，初中生、小学生50日元，幼儿免费
- 🕐 9:00~16:30（16:00停止入园）休园日为周一、12月29日至次年1月3日5:00~23:00；其中上野动物园：9:30~17:00
- ☎ 03-33500151

乐高积木乐园

乐高积木乐园（LEGO Land Discovery Center）在台场开放，那里堆满了300万个以上的乐高积木。这些小小的积木可以自由搭出各种东西，如汽车、大楼等，甚至可将大街小巷也拼入

适合孩子年龄：5~10岁
游玩重点：观看微东京、堆积木等

其中。在这里你可以看到由乐高积木搭建而成的"微东京"，包括东京夜景、东京铁塔、国会议事堂等。在"建筑大师"设计作品的车间，孩子们可以观看大屏幕上的动作讲解，一边堆积手中的乐高积木。这里还有射击游戏以及震撼力十足的4D影院等，带孩子来这里开发孩子们的创造能力吧。

亲子旅行资讯

- ✉ 东京都港区台场1-6-1 东京狄克斯海滨，海岛商场6楼
- 🚗 海鸥线"御台场海滨公园"站下车，步行2分钟
- 🌐 www.legolanddiscoverycenter.jp
- 💴 3岁以上2000日元，2人以上每人1600日元
- 🕐 11:30~22:00
- ☎ 03-35995168

潮爸辣妈提示

在乐高积本乐园还能举办环绕于乐高积木下的儿童生日会。另外，还有附带小吃或乐高特别培训的等方案，可在两种方案中进行选择，这一定会成为难以忘怀的生日会。

东京其他景点推荐			
景点中文名称	英文名称	地址	网址
浅草寺	Senso-ji	东京都台东区浅草2-3-1	www.senso-ji.jp/about/index_c.html
皇居	Kyoto Imperial Palace	东京都千代田区千代田1-1	www.sankan.kunaicho.go.jp/english
东京晴空塔	Tokyo Skytree	东京都墨田区押上1-1-2	www. tokyo-skytree.jp
彩虹大桥	Rainbow Bridge	东京都港区	—
六本木新城	Roppongi Hills	东京都港区六本木6-10-1	www.roppongihills.com
东京国立博物馆	Tokyo National Museum	东京都台东区上野公园13-9	www. tnm.jp
国立新美术馆	The National Art Center	东京都港区六本木7-22-2	www. nact.jp
江户东京博物馆	Edo-Tokyo Museum	东京都墨田区横网1-4-1	www.edo-tokyo-museum.or.jp/english/
早稻田大学	Waseda University	东京都新宿区户塚町1-104	www. waseda.jp
东京巨蛋	Tokyo Dome	东京都文京区后乐1-3-61	www.tokyo-dome.co.jp
自由之丘	Jiyugaoka	东京都目黑区自由之丘	—
相扑博物馆	Sumo Museum	东京都墨田区横网1-3-28	www. sumo.or.jp
池袋西口公园	Ikebukuro West Gate Park	东京都丰岛区西池袋1-8	www.city.toshima.lg.jp/shisetsu/kouen_guide/001138.html
日本武道馆	Nipponbudokan	东京都千代田区北之丸公园2-3	www.nipponbudokan.or.jp

跟孩子吃什么

寿司、刺身、串烧、拉面……来到东京之前，你的脑海中就一定有许多想要在这座城市中品尝的美食。无论是上万元的食神级寿司还是路边小摊的章鱼小丸子，在东京，每一样食材都被当作艺术品在精心制作，一定会满足味蕾对东京美味的所有想象。你可以先带孩子去品尝日本本土的代表性美食，然后再去各餐厅品尝心仪的日式甜点。

东京的特色美食

来到东京，你和孩子最应该体验的一定是日本的传统美食，寿司、刺身、串烧、拉面、寿喜烧、炸猪排、天妇罗、乌冬面……还有高级吃货所钟情的神户牛肉、怀石料理和螃蟹料理，来到东京的第一天，面对众多美食，你一定会嫌弃自己的胃怎么那么小呢。

当然，带孩子来到东京的游客不会错过的就是各种各样萌化了我们的心的日式甜品，例如巧克力、糖果、布丁、冰激凌等，有时候看着它们精致的样子会有些不忍心下口呢。

刺身

刺身，通俗点讲就是生鱼片，是日本的国菜，鲜嫩的鱼片配上芥末和鲜香的日式酱油，即使你不爱吃生食，来到东京也是一定要尝试一下。

寿司

寿司一般可以分成手捏寿司和卷寿司。手捏寿司就是在醋味小饭团上面加上切成小片的各类新鲜海鲜，例如金枪鱼、虾、墨鱼等；卷寿司就是在紫菜包裹的米饭中放上黄瓜和卤菜然后卷成细长的圆柱形，一般可以切成小段食用。想要保存好身材的辣妈们可以选择卷寿司食用，而对孩子来说，手捏寿司的营养更丰富哦。

鳗鱼料理

鳗鱼是日式料理中一种非常重要的食材，烤鳗鱼、鳗鱼饭都是非常美味的

日式料理。新鲜的鳗鱼配上料理师精心调制的酱料，鳗鱼的鲜味与酱汁的味道相互融合，演绎出了鳗鱼料理的独特口感。

日式火锅

传统日式火锅，除了食材丰富外，高汤、高汤调味、蘸酱、佐料，也十分独特，随着高汤浓淡不同，食材属性各异，及酱料巧妙搭配，变化出口味万千的火锅料理，正是日式火锅引人玩味之处。

● 日本料理店有哪些美味

当你和孩子走进料理店后，如果想吃得素一些，可以选择各种沙拉，里面常放有黄瓜、西红柿等时令蔬菜，加上各种调味品后食用。对于海鲜比较钟情的人，可以点一份烤鱿鱼，与国内不同的是，日本的烤鱿鱼不加辣椒粉之类的作料，而是沾蛋黄酱食用，味道鲜美。之后，再来一道天妇罗吧，将虾、鱼、蔬菜等在面粉浆中转一圈在丢到油里煎一下就成了热气腾腾的诱人天妇罗啦，口感十分香脆鲜嫩哦。如果肚子比较饿的话，可以来一份荞麦面，荞麦面是东京的代表

食品之一，做法有冷热两种，配合各种酱汁一起食用。在料理店点餐后，首先会看到一盘毛豆。这是为了避免长时间等待时无事可做，提供给客人用来消磨时间的。

除这些外，可以带孩子尝尝日本的甜点，日本甜点十分精致，符合女孩子们对于甜蜜的所有想象。无论是买来自己吃还是当作礼物，都是非常不错的选择。

● 寿司的起源

在公元200年即东汉末年，中国已开始流传"寿司"这种食品。在辞典中"寿司"的解释为以盐、醋、米及鱼腌制而成的食品，宋朝年间，中国战乱频仍，寿司作为逃难的充饥食品而品种更多，有菜蔬类、鱼类、肉类，甚至贝壳类都有。700年左右，即奈良年间（中国为唐朝时期），出外营商的日本商派将寿司流传入日本，当时的日本人，用一些醋腌制过的饭团，加上一些海产或肉类，压成一小块，整齐地排列在一个小木箱之内，作为沿途的食粮。直到1700年之后，即江户年间，寿司才于日本广泛流传，成为一种普通的食品。

● 品尝寿司的注意事项

来到日本，各位潮爸潮妈也许会带孩子去品尝寿司。但是在吃寿司时也要注意食物的搭配，例如紫菜不宜与酸涩的水果共同食用，否则容易造成胃肠不适，而寿司中大多含有紫菜，所以爸妈们要时刻注意宝贝们的安全。

品尝寿司需注意	
食物种类	禁忌
大米	不宜与马肉、蜂蜜同食
鸡蛋	与糖精、红糖同食会中毒；与鹅肉同食损伤脾胃；与兔肉、柿子同食导致腹泻；同时不宜与甲鱼、鲤鱼、豆浆、茶同食
猪肉	不宜与乌梅、甘草、鲫鱼、虾、鸽肉、田螺、杏仁、驴肉、羊肝、香菜、甲鱼、菱角、荞麦、鹌鹑肉、牛肉同食
胡萝卜	不宜与酒同食
紫菜	不宜与柿子、酸涩的水果共同食用，易造成胃肠不适

孩子最喜欢的餐厅

东京餐厅最大的特色是，几乎每家餐厅都会将自家的主要菜色做成蜡制样品，并且标示着价格，放在店外的橱窗供客人选择。不会日文的游客只要用手指点一下，语言问题可迎刃而解。如果你想吃的实惠一些，可利用百货公司的食堂、大楼里面或地下街道的菜馆，很好地饱餐一顿，而且那些食堂或菜馆，不收任何服务费。对于孩子来说，日本的生鱼片可能吃不习惯，父母可以带孩子去中餐厅用餐。

●魔法之国的爱丽丝

这家餐厅由Fantastic Design Works事务所精心打造，是一家以《爱丽丝梦游仙境》为主题的餐厅。对于《爱丽丝梦游仙境》这个童话故事，相信很多人都不会陌生，《爱丽丝梦游仙境》中的元素在这里随处可见：桌子上以漂浮的扑克牌来做装饰，地板是黑白棋盘格，餐区也被设计成花园迷宫的模样。在爱丽丝仙境中用餐，一定会让你迷醉的。

■ 地址：中央区银座8-8-5 ■交通：从新桥车站银座口出站，沿中央大街步行约3分钟，再左转即到 ■ 网址：www.alice-restaurant.com ■ 开放时间：周一至周六17:00～23:00，周日、日本国定假日16:00～23:00 ■ 电话：03-35746980

●Ninjia akasaka-忍者赤坂

这是东京一家非常受欢迎的以江户时代忍者为主题的特色主题餐厅，服务员都是标准的忍者打扮，带路的忍者会带领你穿越过各种神秘小路和一条有机关的小河，到达你的座位了。菜单是一张卷轴，呈上桌的料理可能会放出烟雾。不管你是一个人来，还是一群人来，吃到一半的时候，总是会有一位职称为"上级忍者"的男忍者跑到你的面前给你表演牌类的魔术。如此近的距离，"上级忍者"会让你亲身体验，什么叫作"见证奇迹的时刻"。前往这家餐厅用餐，一定记得要预约哦。

■ 地址：千代田区永田町2-14-3 ■交通：乘坐地铁银座线或丸内线，到赤坂见附站下，向东步行2分钟 ■ 网址：www.ninjaakasaka.com ■ 开放时间：周一至周六17:00至次日凌晨1:00，周日、日本国定假日17:00～23:00 ■ 电话：03-51573936

●白髭泡芙工房

白髭泡芙工房，是全日本唯一卖龙猫泡芙的店。有6种口味，搭配不同头饰。从车站出来，步行5分钟左右穿过小巷子就可以到达，不仅食物好吃，连周围的环境都很美。喜欢宫崎骏的小朋友一定会爱上这里。

■ 地址：东京都世田谷区代田５-３-１ ■交通：乘坐小田急线，在世田谷代田站下，徒步3分钟可到 ■ 网址：www.shiro-hige.com ■ 开放时间：10:30～19:00，周二休息 ■ 电话：03-57876221

● Moonin House Cafe

这是天空树附近的著名餐厅之一。餐厅位于东京新地标天空树下面，观光完正好带孩子来这里用餐。店内的特色并不只是可爱的食物和卡通周边，更有姆明动画里的众多人物陪你吃饭、喝咖啡，非常萌，非常"洋气"。

■ 地址：墨田区押上1–1–2，晴空塔一楼　　■ 开放时间：8:00～22:30　　■ 电话：03–56103063

● 珠穆朗玛

这是东京很火的一家中餐馆，为了追求中餐烹调的最高水平，因此命名为"珠穆朗玛"。店内充满了中国特色的装修，中式餐具、青花瓷器、格子窗、深色柜橱，极富中国传统色彩。如果带孩子前来这里用餐，一定要尝尝肉汁满满的"大烧饺子"和加入了黑胡椒的美味"大黑饺子"。饺子里面充满了肉汤，一口咬下去汁液就流进嘴里，实在是不可多得的美味。

■ 地址：涉谷区区惠比寿南2–2–7　　■ 交通：乘坐JR在惠比寿站西口出口，步行5分钟即到
■ 开放时间：周一至周五午餐11:30~15:30，晚餐17:30~23:00　　■ 电话：03–37190061

● 天津饭店

天津饭店有古色古香的传统风格，有大气正直的中式风格，也有华丽奢华的尊贵格调，给人一种宾客如归的感受。它是1954年创业的中华料理的老字号，具有中国传统风味，有着一批经验丰富、技艺娴熟的厨师，做出来的料理色泽美，口味正宗，特色是整只浇上油干炸的招牌天津鸡和北京烤鸭。除了菜肴外，还有各类炒面、汤面、炒饭、盖饭等具有中式特色的菜品。

■ 地址：东京都新宿区西新宿3–2–11　　■ 交通：乘坐JR，新宿站下车，步行10分钟
■ 开放时间：周一至周日午餐11:00～15:00，最后点餐时间14:30，晚餐17:00～22:30，
最后点餐时间21:30　　■ 电话：03–33420685

东京其他餐厅推荐			
中文	交通	地址	电话
饺子王将	乘坐JR，水道桥站下车，步行2分钟可到	东京都千代田区三崎町2–18–4	03–32378823
东北姑娘	池袋站西武南口出口，步行5分钟可到	东京都丰岛区南池袋3–16–8	03–53963380
中华大兴	乘坐电车，御徒町站下车，步行109米可到	东京都台东区上野6–2–14	03–38316249
西安	新宿站南口出站，向南走过一条马路后第二个路口右转，在第二个路口左侧	东京都宿区西新宿1–12–5	03–33475130

和孩子住哪里

东京可以算得上是"宾馆之城"，特别是近几年来，东京的宾馆数目一直不断在增加，有的交通便利，有的环境幽静，有的靠近闹市购物很方便。对于带孩子的游客来说，应该选择交通比较便利的酒店入住。市中心的新宿、池袋、上野等地区是很多游客的首选，周围汇集了多条交通线路及大型车站，出行便利省时省力。传统的日式旅馆也是很不错的选择，榻榻米房间、日式早餐等都能让你体验日本风情。

● 日本桥别墅酒店

日本桥别墅酒店附近有多个火车站或地铁站，出行十分便利。游客可以体验价格低廉、设施齐全的公寓。客房舒适温馨，酒店附近还有便利店和商店，并且配有免费无线和有线网络连接以及投币式洗衣机。

■ 地址：2-2-1 Nihonbashibakurocho, Chuo ■ 网址：www.hotelvilla.jp ■ 电话：03-36680840

● 东京品川王子酒店

东京品川王子酒店位于东京品川，交通极其便利。这里的早餐备受人们的欢迎。品川王子酒店的一大亮点就是位于主楼37层的餐厅，该餐厅四周都是玻璃，可直接观赏到羽田机场的飞机起落及东京湾碧蓝的海水，东京美景尽收眼底。而且这家酒店是日本独一无二的设有电影院和水族馆的酒店。在酒店水族馆中可欣赏海狮等动物的精彩表演，另有旋转木马和海盗船供小朋友玩耍。

■ 地址：4 Chome-10-3 0 Takanawa, Minato ■ 网址：www.princehotels.co.jp
■ 电话：03-34401111

● 东京目黑青叶台多米酒店

　　目黑青叶台多米酒店位于安静且交通便捷的目黑地区，酒店的客房陈设现代，配备了液晶电视、舒适的床品和设备完善的小厨房。住客可以像在家中一样泡茶或者做些简单的饭菜。部分客房配铺设有传统榻榻米草席的客厅角。当你和孩子游玩一天身心疲惫的时候，不妨尝试酒店内设置的带有桑拿浴室的大浴场，尽享放松身心的美好时刻。

■ 地址：东京都目黑区青叶台3丁目21番8号　　■ 网址：www.hotespa.net　　■ 电话：03-68945489

东京其他住宿推荐

中文名称	英文名称	地址	网址	电话	费用
东京大仓饭店	Hotel Okura Tokyo	东京都港区虎门2-10-4	www.hoteloku ra.co.jp	03-35820111	约14153日元起
东京柏悦酒店	Park Hyatt Tokyo	东京都新宿区西新宿3-7-1	www.okyo.park. hyatt.com	03-53221234	约44000日元起
东京京王布莱索酒店茅场町	Keio Presso Inn Kayabacho Tokyo	东京都中央区日本桥茅场町1-3-5	www.sp.chizu maru.com	03-58478515	约7280日元起
东京有明太阳道酒店	Hotel Sunroute Ariake Tokyo	东京都江东区有明3-6-6	www.sunroute hotel.jp	03-55303610	约7577日元起
浅草考山世界旅馆	Khaosan World Asakusa Hostel	东京都111-0035	www.khaosan-tokyo.com	03-38430153	约7777日元起
东京芬迪别墅日本桥箱崎酒店	Hotel Villa Fontaine Nihonbashi Hakozaki	东京都中央区日本桥箱崎町20-10	www.hvf.jp	03-36673330	约6000日元起

给孩子买什么

　　东京是热门的购物地点，鞋、化妆品、饰品和小家电是东京购物的四大热点。在东京大商场可买到漂亮舒适的靴子，也可买到资生堂的最新产品，还有各类可爱的饰品。对带孩子的游客来说，给孩子购物也是必不可少的。可在东京数量众多的玩具店内给孩子买一些他们喜爱的玩具，如果是男孩子就买一些忍者道具、汽车模型等，如果是小女孩就买一些Hello Kitty、轻松熊等，相信一定能俘获孩子的"芳心"。

在东京买给孩子的礼物	
特色商品	介绍
玩具、动漫	在东京站八重洲北口的地下主题商业街，集合了多家日本各电视台开办的主题动漫直营店，在这里可以买到深受喜爱的动漫角色
点心	日本的点心手信样式非常好看，有的做成便当形状，有的做成鸡蛋形状，有的做成富士山形状，可爱而新奇
巧克力	日本巧克力口味不是特别甜，但是口感非常细腻，比较有名的是明治（Meui）巧克力和玛丽（Mary's）巧克力，别忘了让孩子尝尝哦
丝袜	日本的丝袜以不脱丝著称，齐膝袜也非常可爱，不妨给自己可爱的小公主买些。价格为525～2000日元，齐膝袜350～550日元，可以到原宿、台场购买
传统工艺品	陶瓷器、各式各样的人偶、浮世绘都是倍受青睐的传统工艺品。另外，手帕、折扇、御守也是赴日旅游的好礼物

孩子的购物乐园

●啦啦宝都东京湾

　　啦啦宝都东京湾(La Laport Tokyo-Bay)位于东京近郊南船桥站附近，是日本三井不动产旗下的一个超大型购物公园。这里集中了60多家儿童用品商店，几乎涵盖了儿童用品的方方面面。这里还有个针对"过敏体质"的食品专卖场，所有食品都使用不容易引起过敏的食材，可以在这里给孩子买一些食品。此外，这里卖的用大米制作的玩具也非常有特点，可以放心地让宝宝玩耍啃咬。

　　如果带孩子前往，可以去"Borne Lund玩乐世界"体验一下。从6个月的小宝宝到12岁的儿童都可以在那里尽情嬉戏游玩，并且所有的玩具都是亲子互动型。每个活动处都有一位指导员，引领孩子玩耍，确保孩子的安全。

不可错过的购物地

在东京血拼就如同拥有了机器猫的口袋一样，总能让你感到惊喜和满足。东京百货店比较集中的地区有银座、新宿、涩谷、池袋、上野、原宿、表参道和六本木等地。在寸土寸金的东京银座的高档百货店和世界名牌专卖店里，可买到日本的各种名牌时装、高档化妆品和几乎所有的世界名牌商品；在新宿和秋叶原的家电连锁店可买到最先进的日本数码家电产品；在动漫玩具店可买到风靡一世的动漫卡通和电玩；在二手店可以低价买到各种名牌二手货；在折扣店可买到价格低廉的各种小商品。

● 银座

银座是东京奢华的象征，集中多家老牌百货店、世界一线大牌专卖店和购物中心，东京最贵的顶级料理店、高级Club都藏身在此。从1丁目到8丁目，分布着的老牌糕点、购物商场、艺术画廊、土特产街区各具特色，在一些大型购物中心的商店里还有中文导购员，让购物更加方便快捷。

■ 地址：东京市中央区银座 ■ 交通：JR、东京地铁到银座站，出站后即到 ■ 营业时间：10:00～22:00

● 涩谷

涩谷是东京最繁华的地带之一，也是东京的年轻人喜爱的购物地。涩谷的主要商业设施有涩谷车站东口宫益阪附近的东急文化会馆，北口（八公口）的东急百货店、道玄阪的109时装城、文化村街附近的中心街等。大型购物设施多在南口和北口一带。从涩谷中心街通往parco百货店有一条名为西班牙坂的坡道，虽然不长，却沿街开设了各种服饰用品店、杂货店、餐饮店和游乐中心，带有南欧风格，很受年轻人欢迎。

■ 地址：东京都西部涩谷区 ■ 交通：JR山手线至涩谷站，地铁银座线、半藏门线至涩谷站下车可到 ■ 营业时间：10:00～21:00

● 新宿

新宿是东京的重要商务区，也是主要的旅游购物区之一。以新宿车站为中心，新宿分为新宿东口、新宿西口和新宿南口三个商区，在这里地上和地下的商业设施密集，名品店、百货商场、电器街、药妆店、百元店、折扣店、潮流服饰店等各种档次的店铺一应俱全，还有众多的餐厅和娱乐场所。

■ 地址：东京都西南部新宿区 ■ 交通：JR新宿站、京王线新宿站直达，丸之内线、大江户线也穿过该区 ■ 营业时间：11:00～22:00

● 台场

台场是位于东京湾的旅游度假购物区，由于这里兴建了一批大型综合购物和娱乐设施，吸引不少日本年轻人。台场的这些设施设计新颖，集娱乐、购物、餐饮于一体，内容充实。购物设施包括了时装、首饰、化妆品、箱包、室内装饰用品、宠物用品、卡通玩具等多种商品。

■ 地址：东京都港区台场 ■ 交通：百合海鸥线到台场海滨公园站，出站后徒步8分钟；水上巴士到台场海滨公园站，出站后徒步5分钟可到 ■ 营业时间：11:00～21:00

1.在东京购物时是不需要讲价的，所有商品都是明码实价，质量基本上符合"一分钱一分货"的原则，放心购买的喔！店家也没有和顾客讨价还价的习惯，如果顾客坚持砍价，会被认为没有礼貌或者受到冷遇。

2.日本每年1月和7月是打折季，开始还是7折、8折，越往后折扣越多，恰逢换季折扣的尾声，一件1000多元人民币的衣服，打完3折变300元，那种超值购物的快感让你无法拒绝。

东京其他购物地推荐

店铺名称	简介	地址	营业时间
Loft	是日本涩谷知名的文具百货，这家文具店各式各样的小东西都很可爱，尤其是Loft明信片，二、三楼则是家庭用品卖场，四楼则是大型"美术用品区"	涩谷区宇田川町18-2	10:00～21:00
三井奥特莱斯购物城	以海外奢侈品牌为首，既有人气极高的精品店、国内外的高品位时装，也有运动、户外用品、饰物，以及时尚杂货，各类主流品牌一应俱全	Chiba Prefecture, Kisarazu, Nakajima, 398	10:00～20:00
东京站一番街	位于B1层的东京动漫人物街比较有名，集合了多家日本各电视台开办的主题动漫直营店	千叶县木更津市中岛398号	10:00～20:30
茑屋书店	茑屋书店出售电影、音乐、书籍、文具等相关产品，有着众多独一无二的活动和服务。这家书店设计精良，被美国网站Flavorwire.com 评为世界最美的20 家书店之一	17-5 Sarugakucho, Shibuya	全年开放，一楼7:00至次日2:00；二楼9:00至次日2:00
日本桥高岛屋百货	是日本最大的连锁百货公司之一，在日本国内拥有20余家连锁店，而这其中，则以日本桥高岛屋最具特色	中央区日本桥2-4-1	10:00～20:00，周二休息
秋叶原	这里拥有日本最大也是世界最大的电器街，位于上野和银座之间。从小家电到最新的高科技数码产品，整条街大大小小数百家电器店，包罗万象。持护照购买更可享受免税等各种优惠	东京都台东区秋叶原	全天开放

在东京的出行

东京市内由JR电车、地铁、私营铁路、巴士等交通系统构成的交通网纵横交错，四通八达，方便快捷。不少车站内还建有各类商店，甚至形成商业街。对于带孩子的游客来说，在等车时，也可以带孩子在商店简单逛逛。但是过于发达的交通常常令初到东京的游客感到复杂，建议父母在出行前最好对主要的交通线路做一些了解，然后根据沿线的地点规划行程。

对于带孩子的游客来说，出行的话最好不要乘坐公交车，因为东京经常堵车，所以无法控制好时间，小孩子不喜欢长时间等待，可能会闹些小脾气。如果经济条件允许，父母可以选择包车出行，比较省时省力。

最好的学习在路上　带孩子游日本

地铁

地铁是东京的主要交通工具之一，许多线路还与地面轨道网相连。东京地铁分为东京地下铁和都营地下铁两种，共有13条线路，每条线路都有指定的字母标志和颜色，车站也有相应的编号，在换乘时记各条线的标志色会方便很多。具体信息可在东京地铁官网网站：www.tokyometro.jp查询。

东京地铁票价			
东京地铁	主要路线	票价	一日券
东京地下铁	银座线、丸之内线、日比谷线、东西线、千代田线、有乐町线、半藏门线、南北线、副都心线	票价170～310日元	东京地下铁全线成人710日元，儿童360日元
都营地下铁	浅草线、三田线、新宿线、大江户线	票价170～410日元	都营交通一日券成人700日元，儿童350日元

巴士

东京的巴士分为双层观光巴士、观光巴士和水上巴士。

双层观光巴士的路线是：三菱大厦（东京站附近）—皇居—国会议事堂—霞关官厅—日比谷—银座—京桥。全程需要45分钟，成人1500日元，儿童700日元，每天10:00～18:00运营。想要带孩子乘坐双层巴士的游客，可以拨打03-32150008咨询。

水上巴士可以从水上以不同的角度眺望东京风光，是非常有趣的旅游体验，推荐3条受欢迎的线路。

最受欢迎的3条水上巴士资讯	
名称	简介
隅田川路线	浅草→滨离宫（960日元，约35分钟）→日之出栈桥（200日元，约5分钟）→浅草（760日元，约40分钟）。价格为大人1名单程费用，未满7岁儿童跟随1名大人则免费，7岁~12岁儿童购买半价儿童票13岁以上购买成人票
御台场路线	日之出栈桥→晴海（200日元）→御台场海滨公园（300日元）；日之出栈桥→御台场海滨公园（460日元）。价格为大人1名单程费用，小学生半价
东京国际展示场至Palette Town(五彩城)路线	日之出栈桥→东京国际展示场（400日元）→Palette Town(五彩城)（200日元）；日之出栈桥→Palette Town(五彩城)（400日元）。价格为大人1名单程费用，小学生半价

对于想要节约时间，带孩子方便地游览景点，乘坐观光巴士是一个好选择。HATO巴士是东京市内著名的旅游巴士公司，有多种线路可供选择，还准备了有中文导游陪同的旅游项目。具体路线可以在官网(中文)：www.hatobus.com/cs/index.html查询。

潮爸辣妈提示

1.从乘车的2个月起至3天前，可在网站上进行预约。出发前1小时的预约，请用电话联络。

2.在网页上输入完各项目，并不表示预约已成立。当您收到HATO公司的确认回信后，预约才能正式成立。来不及网上预约或参加人数超过10人以上，可打电话03-34351200预约。

3.预约富士山和山中湖一日游时，若有素食者，请在备考栏内注明。

出租车

东京的出租车数量多，服务好，价格也比较贵。起步价一般为650～710日元，以后每行驶274米加收80日元，23:00至次日5:00加收30%费用。带孩子的乘客应从车子左后面的门上下，所有出租车都为自动车门，车子驶近的时候应注意安全。下车时记得让司机开发票，如果有遗漏行李或者需要投诉的情况，可以在发票找到电话号码和车辆编号。另外，大部分出租车内是禁烟的，对于带孩子的游客来说不必担心。

在日本搭乘出租车时，只告诉司机地址很有可能找不到地点，因为很多小路没有名字，门牌号也不是很有规则。最保险的方式是自己知道怎么走，再告诉司机。但一般不推荐游客乘坐出租车，车资昂贵和容易遇到堵车也是问题。东京的轨道交通非常完备，使用公共交通会比较快速和便宜。

JR电车

JR电车是东京市内主要的交通工具，有山手线、京浜东北线、中央线、京叶线、总武线等线路，其中绿色的JR山手线是最常用的线路之一。各条路线上行驶的车辆颜色都不同，山手线为绿色，中央线快速车为橙色，中央慢行车及总武线为黄色，京滨东北线为蓝色，京叶线为红色。

JR电车的乘车基本费用规定为3千米以内130日元，随后依次递增为150日元，160日元。它是东京都内票价最低的交通工具。车票可在车站内的自动售票机处购买。自动售票机大致上可分为按键式和新型触摸面板式两种，其操作均为：先按照售票机上部悬挂着的票价表所示票价投币，再按压标有该项价格的按钮确认。

● 东京临海新交通临海线 "百合鸥号"

这是新都市交通的一条无人驾驶的电车线路，从新桥站始发，连接台场地区各站，终点站丰州。百合鸥号有舒适的车厢和观景车窗，沿途会经过彩虹大桥，可以从空中眺望东京湾和台场的风光。在晚上乘坐，可以看到台场美丽的夜景。

● 都田荒川线

这是东京都内唯一保留地面轨道的有轨电车，运行于早稻田—三轮桥，沿线站点主要在东京的下町区域。带孩子来乘坐这条线路的电车吧，可以感受东京人生活和旧时风貌，很有感觉。

如何在东京跟团游

　　跟团游的游客，如果已在国内的组团社报了团，就要知道日本当地的地接社是否有接机服务、是否提供行程安排等。如果没有在国内报团，就需要在日本当地报团，但是值得注意的是，游客一定要寻找方便、可靠的旅行团出行。

在东京怎样报团

　　游客在前往日本旅游前，可以先咨询一下知名华人旅行社，了解旅行社是否提供旅行、机票、酒店、会议、拓展、签证等各项服务，了解好这些信息，不妨在国内报团，然后使日本之旅畅通无阻。

旅行社推荐				
中文名称	网址	电话	地址	简介
中国旅行社	www.ctsdc.com	400-6006065	北京市东城区东单北大街1号国旅大厦	中国旅行社总社是中国旅游业领先的5A级旅行社。中旅每年为近百万游客提供出境旅游,国内旅游,周边旅游,自助旅游,主题旅游等相关旅游服务
中国康辉旅行社	www.cctbj.net	400-6008742	北京市海淀区西三环中路19号临102号	提供出境参团、出境自由行、邮轮、签证办理业务等
JTB新纪元国际旅行社	www.ncit.com.cn/contactus.aspx	010-65884220	北京市朝阳区东方东路19号亮马桥外交办公大楼LD01-0-501	JTB旅游公司是全球旅游公司500强企业, 在日本有很高的知名度, 它的线路比较独家, 走高端、奢华的风格, 并且提供各类导游服务
北京中国国际旅行社	www.cit3010.com	010-51666868	北京市朝阳区建国门外大街28号旅游大厦701	提供旅行、机票、酒店、会议、拓展、签证等各项服务

东京知名的地接社

● 东京假日国际旅行社

　　东京假日国际旅行社是日本境内一手地接公司，全车配备司机和导游，代订酒店及餐厅。不仅提供各种场合的日语翻译服务，还提供各种日本商品的代购服务。为中外人士承办团体旅游、商务旅游、散客旅游及常规旅游，有能力有经验承接大型的、旅游及考察活动、还可以根据游客的需要设计，各种旅游规划。

■ 地址：日本琦玉县琦玉市樱花区神田日本50-3　■ 电话：日本国内拨打048-8265838，日本以外拨打0081-48-8265838

● HIS国际旅行社

　　HIS是日本一家国际廉价机票服务旅行社的简称，该公司主要经营廉价机票和国际旅行社服务。其特点一是相对便宜、二是锁定日本年轻人市场。地址：东京都新宿区西新宿6-8-1（总社）。

● 日本旭日国际旅行社

　　旭日旅行社为国际级组团旅行社，所提供的国际旅游产品遍及世界五大洲，为各种旅客的不同需求规划设计不同的旅游形态，分别有全包式的团体旅游行程、团体自由行行程、行程全包式的Mini Tour 等。

■ 地址：大阪市淀川去西中岛7-1-3-1205号（总部）　■ 电话：06-63036068

延伸游览

乘箱根电车开启

登山之旅

箱根是东京近郊游览的好去处，它距离东京90千米，是日本的温泉之乡、疗养胜地。约在40万年前这里曾经是一处烟柱冲天，熔岩四溅的火山口。现在的箱根温泉环绕、溪水潺潺，同时享有"国立公园"的美誉。那么该怎么前往箱根呢？

● 乘小田急浪漫特快前往箱根

小田急浪漫特快列车（日语：小田急ロマンスカー，英语：Odakyu Romancecar）连接着人气超高的新宿和箱根、江之岛、镰仓，车厢座位对号入座。透过车窗，不仅可以看到能遥望太平洋的片濑江之岛，还可以眺望日本田园、山谷的美丽风景。如果天气好，还可以看到富士山哦。

列车信息

■ 行程时间：约85分钟　　■ 票价：2080日元（请务必在乘车前购买特快车票，如果没有购买特快车票，需另付300日元）

潮爸辣妈提示

建议预订在车辆前面或尾部设置的眺望席（仅限50000型、7000型）。这样，你就可以和孩子欣赏到不断飞驰而过的动感美景。

● 浪漫特快乘坐须知

预约方式

■ 中国：通过电子邮件向新宿小田急旅游服务中心咨询，网址为www.odakyu-sc.jp/sc
■ 日本：新宿小田急旅游服务中心（小田急新宿车站/仅限特快票预约）

预订特快车票时的注意事项

1.如果预订的特快车票过期没有付款，会自动取消。

2.希望坐在眺望席的乘客，请在预订、购买时提出要求。车票可在小田急线各站售票机或旅游服务中心(welcome@odakyu-dentetsu.co.jp)购买。

3.普通车票不能预约，请当天在乘车的车站购买。

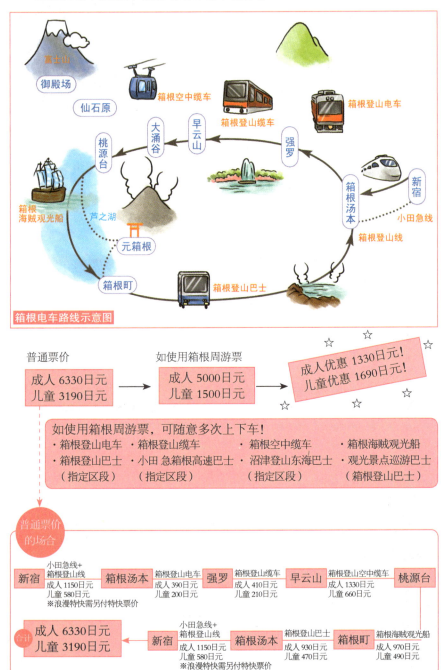

箱根电车路线示意图

普通票价
**成人 6330日元
儿童 3190日元** →

如使用箱根周游票
**成人 5000日元
儿童 1500日元** →

**成人优惠 1330日元!
儿童优惠 1690日元!**

如使用箱根周游票，可随意多次上下车!
・箱根登山电车　・箱根登山缆车　　・箱根空中缆车　　・箱根海贼观光船
・箱根登山巴士　・小田 急箱根高速巴士　沼津登山东海巴士　观光景点巡游巴士
（指定区段）　（指定区段）　　　（指定区段）　　　（箱根登山巴士）

**普通票价
的场合**

| 新宿 | 小田急线+箱根登山线 成人1150日元 儿童580日元 ※浪漫特快需另付特快票价 | 箱根汤本 | 箱根登山电车 成人390日元 儿童200日元 | 强罗 | 箱根登山缆车 成人410日元 儿童210日元 | 早云山 | 箱根登山空中缆车 成人1330日元 儿童660日元 | 桃源台 |

合计
**成人 6330日元
儿童 3190日元** ←

| 新宿 | 小田急线+箱根登山线 成人1150日元 儿童580日元 ※浪漫特快需另付特快票价 | 箱根汤本 | 箱根登山巴士 成人930日元 儿童470日元 | 箱根町 | 箱根海贼观光船 成人970日元 儿童490日元 |

最好的学习在路上　带孩子游日本

⭐ 东京省钱大比拼

景点名称	孩子玩点	优惠信息	地址
浅草寺	求签祈福、观看舞金龙活动	免费	东京都台东区浅草2-3-1
上野公园	赏樱、观看动物	免费	东京都台东区上野公园5-20
皇居	欣赏二重桥	免费	东京都千代田区千代田1-1
新宿歌舞伎町	看电影	免费	东京都新宿区歌舞伎町
东京都厅展望台	俯瞰东京全景	免费	东京都新宿区西新宿2-8-1
彩虹大桥	观看东京湾及台场的景色	免费	东京都港区
东京湾	看自由女神像	免费	东京都港区沿海一带
六本木新城	品尝美食、观看大蜘蛛铜像	免费	东京都港区六本木6-10-1
筑地市场	观看各种鱼类、享受美味	免费	东京都中央区筑地5-2-1
隅田公园	沿河漫步或乘船	免费	东京都台东区浅草7-1
丰田汽车馆	欣赏汽车、卡丁车体验	免费	东京都江东区青海1-3-12
高尾山	乘坐缆车、观看猴子	免费	东京都八王子市高尾町高尾山
千鸟渊	赏樱	免费	东京都千代田区北之丸公园1-1
东京巨蛋	观看演出	免费	东京都文京区后乐1-3-61
井之头恩赐公园	赏樱、观看艺人表演	免费	东京都三鹰市下连雀1丁目1
池袋西口公园	观看喷泉	免费	东京都丰岛区西池袋1-8
章鱼烧博物馆	品尝章鱼烧	免费	东京都港区台场1-6-1

最好的学习在路上

带孩子游日本

PART3

带孩子游京都

109 ▶ 131

京都有数百间有名的古寺名刹，集合了多种不同风格的建筑，拥有日本二成以上的国宝，1200年的历史培育起来的古都让人感受到无穷的魅力。你可以和孩子在清水寺中观看音羽之瀑，在西阵织会馆中享受和服怀旧体验，或者乘坐嵯峨野小火车游览岚山风光，来到这里你会体会到悠然安逸的别致味道。

带孩子怎么去

京都市内是没有机场的，所以想要到达京都只有先到达周边附近城市内的机场。而以最近的机场来说，大阪的伊丹机场和关西国际机场到京都是最为便利的。具体航班请参考Part4中的信息。

从机场到京都市

● 从关西国际机场至京都

来往京都需到达关西国际机场，从关西国际机场到京都可以乘坐JR直达特急列车HARUKA或者机场大巴。

关西国际机场至京都市的交通			
交通方式	英文	介绍	时间及票价
JR	Kansai Airport Express Haruka	从关西国际机场到京都有JR直达列车关空特急"HARUKA"号，到达站为京都市的京都站	全程约为75分钟，非预订座位的自由席票价2850日元，预订座位的指定席3570日元
机场大巴	NYC Airporter	可乘坐利木津巴士可从关西国际机场直达京都，终点站有京都站、四条大宫站、二条站、三条站、出町柳站等地。乘车地点在机场到达大楼1层D出口的8号乘车点	所需时间约90分钟，单程票价2550日元；往返票价4180日元，自乘车日起14日内有效
出租车	Taxi	有些出租车公司提供从关西国际机场到京都市区的拼车服务，可以让几位游客共同搭乘一辆小型巴士，好处是可以直接到达京都市内的大多数目的地，不过需要提前预约用车	拼车参考价为每人3500日元，可以免费托运一个大旅行箱。也可以包租机场班车，参考价25000日元，每车最多坐9人

● 从伊丹机场至京都

伊丹机场即大阪国际机场，虽然名字为国际机场，但现在实际上已经全部变成日本国内航线。作为关西机场国内航线的分流机场，因为距离大阪市区更近，并且通常票价也便宜，所以受到日本国内旅行乘客的欢迎。

带孩子的游客从伊丹机场站乘坐机场巴士可到京都站，时长约60分钟，票价1280日元。

亲子行程百搭

市内百搭

历史路线

搭乘京阪线至祇园四条站下车，沿花见小路行走

❶ 祇园 ⟨1小时⟩

Gion

▽ 向西前行100米，向右转，横穿道路约400，横穿道路约100米，步行约11分钟

❷ 六波罗蜜寺 ⟨2小时⟩

Rokuharamitsu-ji

▽ 向东前行14米，走人行横道约100米，横穿道路约120米，向右转，走人行横道约200米，横穿道路向左转，约15分钟可到

❸ 京都国立博物馆 ⟨2小时⟩

Kyoto National Museum

▽ 向东前行约100米，走人行横道约400米，约6分钟可到

❹ 总本山智积院 ⟨2小时⟩

Chishaku-in Temple

趣味路线

在JR京都站乘巴士约15分钟

❶ 圆山公园 ⟨2小时⟩

Maruyama Park

▽ 向北前行3米，2分钟可到

❷ 梦京都和服体验馆 ⟨2小时⟩

Yumekyoto-kimono

▽ 向南前行约25米，走70米人行横道，向左转，横穿道路约60米，向左转20米，向左转50米

❸ 花见小路 ⟨1.5小时⟩

Hanamikoji

▽ 向西北方向步行约900米，约11分钟可到

❹ 先斗町 ⟨2小时⟩

Pontocho

体验路线

搭乘京阪本线在七条站下车，再向东步行约7分钟可到

❶ 三十三间堂 ⟨1小时⟩

Sanjusangendo

▽ 从大和大路通向南行驶，沿经临小路通驾驶，进入木津屋桥通6分钟左右可到

❷ 京都塔 ⟨2小时⟩

Kyoto Tower

▽ 从临小路通站乘坐市营28、75、9路公交可到

❸ 五香汤浴场 ⟨2小时⟩

Gokouyu

▽ 从大宫五条站乘坐市营18、71路公交车可到

❹ 梅小路蒸汽火车馆 ⟨2小时⟩

Umekoji Steam Locomotive Museum

京都市内百搭路线示意图

周边百搭

历史路线

JR嵯峨岚山站下车

❶ 二尊院 　3小时
Nison-in

向东前行约230米，向右转走约120米，约5分钟可到

❷ 常寂光寺 　2小时
Jojakkoji Temple

向东前行约140米，向左转80米，向左转约92米，沿步道前行

❸ 落柿舍 　1小时
Rakushisha

向西南前行约65米，前往府道29号线，向左转步行约450米，继续沿步道前行约40米，约16分钟可到

❹ 嵯峨野浪漫小火车 　1小时
Sagano Romantic Train

趣味路线

JR嵯峨岚山站下车

❶ 天龙寺 　2小时
Tenryu-ji

向东前行约20米，沿通道楼梯下行约300米，向右转步行约300米

❷ 宝严院 　1小时
Hogonin

向南前行约160米，向左转，进入府道112号线

❸ 渡月桥 　3小时
Togetsukyo Bridge

从府道29号线向南前行约250米，向左转，继续沿府道29号线前行约350米，向右转步行约400米

❹ 岚山猴子公园 　2小时
Arashiyama Monkey Park

京都周边百搭路线示意图

和孩子去哪玩

亮点

1. 东映太秦电影村：鬼屋冒险
2. 岚山：融入自然的怀抱
3. 西阵织会馆：享受和服怀旧体验
4. 清水寺：观看音羽之瀑
5. 京都国际漫画博物馆：沉浸在漫画的世界中
6. 嵯峨野小火车：游览岚山风光

二条城

二条城（Nijo Castle）由德川家康于1603年所建，是他及其子孙在京都的住所。这座城郭保存了日本桃山时代的绘画雕刻及建筑特色，是京都的世界文化遗产之一。里面的二之丸御殿内连接各个房间的走廊地板非常出名，其独特之处是，当你行走其上，地板便会发出夜莺啼叫一般的声响，因此被称为"莺声地板"。二条城内还环绕着成荫的绿林道，种植了各种樱花树，在樱花盛开时，你可以带孩子来这里欣赏灯光映照下绝美的夜樱景观，在修剪整齐的松树中漫步，或者在池塘边观看游来游去的鱼儿。

适合孩子年龄：6~14岁
游玩重点：参观二之丸御殿、欣赏樱花等

亲子旅行资讯

✉ 京都市中京区二条通堀川西入二条城町541
🚗 搭乘地铁东西线至"二条城前"站下车即到
🌐 www.city.kyoto.jp
💰 成人600日元、初中生、高中生350日元，小学生200日元，小学生以下免费
📅 8:45~17:00（16:00停止入场），其中二之丸御殿9:00~16:00
☎ 075-8410096

潮爸辣妈提示

3月下旬至4月中旬的赏樱期开放夜间参观，最好避开周末及节假日前往，因为这个时候往往需要排队1~2小时才能入城。

东映太泰电影村

东映太秦电影村（Toei Kyoto Studio Park）位于前往岚山的途中，在这里游览可以让人充分感受日本历史片和文化的无穷魅力。园中开设有历史片武打表演、影星摄影会、登场人物表演、武打讲座等，你还可以和孩子驻足于惊险万端的鬼屋之中，精彩项目比比皆是。在紧临映画村的制片厂内，还经常进行电视、电影的实际拍摄，观众还可装扮各种电影中的角色，如公主、花魁、舞伎、老爷、新选组勇士、忍者等，一定不要错过当演员的机会哦！

适合孩子年龄： 8~15岁
游玩重点： 观看武打表演、进入鬼屋、体验当演员

亲子旅行资讯

- ✉ 京都市右京区太秦东蜂冈町10号
- 🚗 京福电车太秦站徒步5分钟
- 🌐 www.toei-eigamura.com
- 🎫 成人2200日元，初、高中生1300日元，3岁以上儿童1100日元
- 🕘 9:00~17:00
- ☎ 075-8647716

岚山

岚山（Arashiyama）是京都著名风景区，有"京都第一名胜"之称。每年4月，从渡月桥至岚山中之岛公园、大堰川堤以及天龙寺背后的龟山公园，樱花盛开、灿烂夺目，漫步其中，让人心旷神怡，是京都最有名气的景观。如果是深秋时节带孩子来这里，那时漫山依旧绿树葱葱，还有醉人的红叶妆点其中，走累了在河边的半圆木板凳坐下来休息，一家人看看风景，吹吹和风，很是惬意。

适合孩子年龄： 10~14岁
游玩重点： 看樱花或者欣赏枫叶等

亲子旅行资讯

- ✉ 京都市西京区岚山
- 🚗 乘坐JR嵯峨野线到嵯峨岚山站；乘京福电铁岚山本线、阪急岚山线到岚山站即到

潮爸辣妈提示

岚山一带可观光的景点较多，范围也比较大，需要花上半天到一天的时间来游览。抵达岚山后，你可以先从Torokko嵯峨站乘坐嵯峨野浪漫小火车至Torokko龟冈站。然后再坐小火车返回至Torokko岚山站下车，接着顺道步行去游览嵯峨野竹林、天龙寺等较为集中的景点，一路往南到标志性的渡月桥及岚山公园等地游览。

渡月桥

渡月桥（Togetsukyo Bridge）别名岚桥，横跨在京都岚山的大堰川上。桥下的桂川波光粼粼，水鸟点缀其间，仿若人间仙境。此外，享誉全日本、流传千年的捕鱼技巧"鹈饲捕鱼"的表演在渡月桥附近举行，这也是每年7~9月中旬京都的热门表演。这里还有周总理的诗碑，石质诗碑镌刻着由廖承志书写的周恩来总理在1919年4月5日游岚山时写下的《雨中岚山——日本京都》。

可以带孩子来这里看看。或者和孩子站在桥上，一起分享秋日里的明媚阳光，在这岁月静好的时光里，感受浓浓的亲子情。

亲子旅行资讯

- 📧 京都市岚山大堰川
- 🚗 乘车到岚山后步行前往

潮爸辣妈提示

因为渡月桥所在的地区风景秀美，在樱花盛开和红叶飘洒之际容易发生交通拥堵，建议乘坐公共交通前往。

岩田山猴子公园

在岚山地区的山上住着许多野生的猴子，在岩田山猴子公园（Monkey Park Iwatayama）可以看到它们。你可以和孩子在这里看到上蹿下跳的猴了，还能亲手喂它们食物，看他们那机灵可爱的模样，和齐天大圣孙悟空像不像呢？除了可以看这些猴子之外，这里可以鸟瞰京都优美的风景。

亲子旅行资讯

- 📧 位于离渡月桥徒步只需要15~20分钟的地方
- 💴 5岁以上550日元，4~15岁儿童250日元，4岁以下免费
- 🕐 春夏季9:00~17:00，冬季9:00~16:00
- 📞 075-8720950

嵯峨野浪漫小火车

适合孩子年龄： 5～14岁
游玩重点： 乘坐嵯峨野小火车

嵯峨野浪漫小火车（Sagano Romantic Train）是由嵯峨野观光铁道运营的风景观光列车，全程4个站由西向东分别是龟冈、保津峡、岚山和嵯峨。列车分为上行和下行对向行驶，最常见的观光方向为由西向东，即从龟冈站上车在嵯峨站下车。和孩子一起乘坐嵯峨野浪漫小火车来游览岚山及保津峡风光是一件非常浪漫的事情，春天樱花簇拥、夏天潺潺溪流、秋天红叶舞落、冬天银白素雅，四季之景都令人回味。

亲子旅行资讯

✉ 京都市右京区嵯峨天龙寺车道町
🌐 www.sagano-kanko.co.jp
💴 单程乘车券成人620日元，6～12岁儿童310日元，5岁以下免费
📅 列车在3月1日～12月29日运营，周三休息
☎ 075-8617444

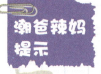

潮爸辣妈提示

赏樱、赏枫期及节假日时游客较多，最好提前预约车票。

三十三间堂

三十三间堂（Sanjusangen-do Temple）也叫莲华王院，其南北向达120米的主殿是日本最长的木造建筑之一。殿内供奉着被列为日本国宝级的佛像和文物，尤其以1001尊千手观音像而闻名。

适合孩子年龄：9～14岁
游玩重点：参观佛像和文物等

三十三间堂还经常举行庆典活动，很有特色。每年1月15日左右这里会举行"远射节"，在这时带孩子来这里，会看到许多高级弓道练习者和即将满20岁的年轻人，身着和服引弓开箭，很有看头。

亲子旅行资讯

📧 京都市东山区三十三间堂回町657号
🚌 乘坐206，208路公交到三十三间堂车站下车
🌐 www.sanjusangendo.jp
💴 成人600日元，高中生、初中生400日元，儿童300日元
🕐 4月1日至11月15日8:00～17:00，11月16日至次年3月31日9:00～16:00
☎ 075-5610467

潮爸辣妈提示

到了3月3日三十三间堂还有"春桃会"，进行法会、献花，还能买到当日限定的女性专用桃子御守，不妨在这时为你家宝贝买一张护身符吧。另外，据说在三十三间堂祈求祛头痛很灵，还有治愈头痛的御守，有需要的可以买一个试试看。

京都国际漫画博物馆

京都国际漫画博物馆（Kyoto International Manga Museum）位于京都市中京区，主要搜集、保管、展示各类经典漫画作品，这里收藏的漫画作品数量之最在日本全境数一数二。馆内经常举办各种活动和画展，如果你的孩子也是一个漫画迷，那就一定要带她来这里，你可以和孩子一起坐在贴心椅子上看自己喜爱的漫画，在这一刻，你和孩子是最贴心的，共同沉浸在漫画的世界中。

适合孩子年龄：7～12岁
游玩重点：观看漫画

亲子旅行资讯

📧 京都市中京区乌丸通御池上路
🚌 京都市市营地铁乌丸线·东西线"乌丸御池站"2号出口步行2分钟
🌐 www.kyotomm.jp
💴 成人800日元，初、高中生300日元，小学生100日元
🕐 10:00～18:00，周三、年末年初及维护期间休馆
☎ 075-2547414

博物馆门票全天有效，可多次进出。如果在参观过程中肚子饿了，可以出去吃个饭再回来接着参观。

祇园 ◇◇◇◇◇◇◇◇◇◇◇◇◇◇◇◇◇◇◇◇◇◇◇◇◇◇◇◇◇◇

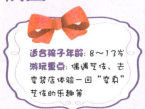

适合孩子年龄：8～13岁
游玩重点：偶遇艺伎、去变装店体验一回"变身"艺伎的乐趣等

祇园（Gion）是京都最有名的艺伎区，白天你可以在茶室、餐厅里消遣或者逛逛土特产商店。到了傍晚灯笼闪烁时，还经常会碰到行色匆匆的艺伎与你擦肩而过。在祇园角可以欣赏京都传统艺能表演，而且还能找到变装体验的店铺。给孩子戴上发套和头饰、穿上古典纹样的生绢和服及腰带，让宝贝"变身"成一名漂亮的艺伎，在古色古香的街道上一边观光一边拍下写真，相信会是祇园之旅的美好回忆。

亲子旅行资讯

✉ 京都市东山区祇园町
🚗 搭乘京阪线至祇园四条站下车，再沿四条通向东步行约4分钟即到
☎ 075-5916602

京都其他景点推荐			
中文名称	英文名称	地址	网址
花见小路	Hanamikoji	京都市东山区祇园町南侧花见小路通	—
天龙寺	Tenryu-ji	京都市右京区嵯峨天龙寺芒马场町68	www.tenryuji.com/index.html
银阁寺	Ginkakuji	京都市左京区银阁寺町2	www.shokoku-ji.jp/g_about.html
南禅寺	Nanzenji	京都市左京区南禅寺福地町86	www.nanzenji.com/
龙安寺	Ryoan-ji	京都市右京区龙安寺御陵下町13	www.ryoanji.jp/top.html
京都塔	Kyoto Tower	京都市下京区乌丸通七条下东临小路町721-1	www.kyoto-tower.co.jp/kyototower/zh-cn/index.html
岚山	Arashiyama	京都市西京区岚山上河原町	www.toysrusinc.com
圆山公园	Maruyama –Koen	京都市东山区円山町473	www.city.kyoto.lg.jp
桂离宫	Katsura Imperial Villa	京都市西京区桂御园	www.sankan.kunaicho.go.jp/guide/katsura.html
石塀小路	Ishibe Alley	京都市东山区下河原町	—
西芳寺	Saiho-ji	京都市西京区松尾神谷町56	www.pref.kyoto.jp
京都国立博物馆	Kyoto National Museum	京都市东山区茶屋町527	www.kyohaku.go.jp/jp/index.html

跟孩子吃什么

在京都，可以先和孩子去尝尝日本料理中最为讲究的怀石料理；也可以去尝尝著名的汤豆腐，汤豆腐在京都四处可见，尤其是寺庙的周围，总能找得到一家汤豆腐料理亭。而京都的抹茶冰激凌则会让孩子欢喜不已。京都的和式点心不仅外表可爱，精致，味道更胜一筹，甜甜软软的，入口即溶，非常受孩子的欢迎哦。

京都的特色美食

京都作为日本历史的代表，有着一种宁静而又恬淡的氛围。所以，京都的饮食也都满是这种清新的足以净化人心的味道。无论是作为其代表之作的怀石料理，还是寺院神社里的精进料理，都非常值得品尝，你不妨带上孩子先去尝尝这些独具特色的料理吧。

●京都料理的种类

豆腐料理

京都人用他们特有的智慧，把豆腐这一营养价值极高的食物和"美味"这一要求相结合，成就了独具一格的豆腐料理。

精进料理

精进料理，也叫"素斋"，是在京都寺庙里可以吃到的东西。如众所知，京都城拥有几百所寺庙，在这样浓厚的宗教氛围里，用一份清斋回归最为单纯的心情。

鱼料理

日本的海鲜是非常鲜美的，在京都，更是把这一物产做的样式精美绝伦，宛若艺术品。配上当地独有的风情，更是别有一番风韵。

怀石料理

用食材最原始的样子完成它最为精致的结果，这就是怀石料理的宗旨。从刀工到器具，从切割到摆放，都要用种最为完美的姿态呈现在品尝人的面前。来到京都，千万不要忘记品尝这一充满当地韵味的独特料理哦。

享用怀石料理的步骤

和孩子一起享用怀石料理的时候，首先你们会看到一道精致的开胃菜，调味轻盈、质感清新。然后是以季节性主题的菜色，通常为一种寿司与几道较小份的小菜组合。生鱼片如果孩子吃不惯的话，可以让孩子吃一些面条、煮熟的鱼肉或牛肉等，对于想保持美妙身材的辣妈来说，这里以醋腌渍的小菜、凉拌时蔬以及酱汤等可放心食用，享用完美食后，一家人不妨吃一些蜜瓜、葡萄、桃等餐后甜点吧。

怀石料理的起源

怀石料理，最早是从日本京都的寺庙中传出来，有一批修行中的僧人，在戒规下清心少食，吃得十分简单清淡，但却有些饥饿难耐，于是想到将温暖的石头抱在怀中，以抵挡些许饥饿感，因此有了"怀石"的名称。演变到后来，怀石料理将最初简单清淡、追求食物原味精髓的精神传了下来，发展出一套精致讲究的用餐规矩，从器皿到摆盘都充满禅意及气氛。

孩子最喜欢的餐厅

京都有很多的特色餐厅供游客们选择，带孩子的游客如果想吃寿司，可以去"一次重"寿司品尝鲭鱼寿司。如果孩子更喜欢甜品，你可以去著名的甜品世家——祇园小石去尝点心。吃夜宵最好的去处要算木屋町了，传统风味一定会让人垂涎欲滴。

● 顺正

顺正是京都当地吃汤豆腐最有名的三大老店之一。开在南禅寺中，十分风雅，却是可以让人轻松走进去的店，价格也比预想的平易近人。他们家的汤豆腐，豆腐滑嫩，汤汁清澈味道浓厚，是用最正宗的昆布高汤煲制出的传统京都料理。往来其中的食客都对这儿的豆腐美味和庭院风光赞不绝口。

- 地址：京都市左京区南禅寺草川町60
- 开放时间：周一至周日11:00~21:30
- 电话：075-7612311

● 半兵卫麸

半兵卫麸于1689年开业，一边注重保护传统的味道，一边与时代对接，在京都人们心里已经成为当地味道的代表之一。店内的拼盘将京都各种著名的麸食品全部包括在内，颜色诱人加工精细的京麸、用豆腐皮制作的各种小吃，是不分时节的美味，任何时候品尝，都让人回味无穷。

- 地址：京都市东山区五条大桥东南诘　■ 开放时间：11:00 ~ 16:00　■ 电话：075-5250008

● 相扑火锅料理店

相扑火锅料理又叫力士火锅，把鸡、鱼、豆制品、蔬菜、大米等放在一个锅内炖煮，据说相扑选手经常吃来补充养分。在需要热量的冬天来一份确实最适宜，这家用最丰富的食材，搭配高汤，煮出来的粥特别香浓，一碗下肚幸福感满满。

- 地址：京都市东山区大和大路四条下博多町3-82　■ 开放时间：周一至周日17:00 ~ 23:00　■ 电话：075-5617378

京都其他餐厅推荐		
餐厅	地址	电话
饺子王将（御园桥店）	京都市北区大宫南田尻町67-5	075-4910841
一保堂茶铺	京都市中京区寺町通二条上常盘木町52	075-211342
中华料理三园饭店	京都市伏见区深草西浦町6丁目47-7	075-6434007
菊乃井	京都市东山区下河原通八坂鸟居前下下河原町459	075-5610015
鳗鱼屋	京都市右京区嵯峨天龙寺北造路町44-1	075-8715226
老松（岚山店）	京都市右京区嵯峨天龙寺	075-8819033

和孩子住哪里

京都的住宿类型繁多，酒店的服务质量上乘，有的酒店位于山间，风景独特，餐饮条件好。对带孩子的游客来说，交通是首先要考虑的因素，想要一两天玩遍京都可以选择住在京都车站附近。如果打算在这里深度游，则可以住在京都中部或者东部，不但安静且附近著名的哲学之道也是感受京都的绝佳地方。

● 京都大王子酒店

京都大王子酒店（Grand Prince Hotel Kyoto）设有带浴缸的大型连接浴室，客人可以观看卫星节目娱乐休闲，或欣赏大自然的景色。酒店距离国际会馆地铁站仅有7分钟步行路程，达JR京都火车站的客人可以将行李存放在酒店设在车站的迎宾台，14点前存放的行李将免费送到酒店。酒店内的Tohen餐厅提供中国菜单，享有森林景色。客人可以租借自行车来游览周边地区。

■ 地址：京都市左京区岩仓幡枝町1092-2　■ 网址：www.princehotels.co.jp　■ 电话：075-7121111

● 京都安祖庵町屋

京都安祖庵町屋（Anzu-an Kyoto）位于京都中心一座豪华的2层楼联排别墅内，为您提供正宗的日式体验。客房拥有传统的日本装饰，铺有榻榻米地板，有些客房享有花园景色。该酒店地理位置便利，距离乌丸站和河原町站，以及京都地铁仅有10分钟步行路程。酒店设有休息区和一个设备齐全的厨房，提供西式床铺和蒲团寝具，还提供洗衣服务。

■ 地址：京都下京区卡吉亚町202-2　■ 网址：www.kyoto-machiya-inn.com
■ 电话：075-7085610

● 京都四条三井花园酒店

京都四条三井花园酒店（Mitsui Garden Hotel Kyoto Shijo）提供现代化住宿，以及浴室、餐厅和免费网络连接等设施与服务。客房配备了空调和暖气设施，每间客房均设有冰箱、电热水壶和带点播电影频道的平面电视。 酒店可应要求提供按摩服务，并为希望游览周围地区的客人提供自行车出租服务。酒店还提供洗衣和干洗服务。 酒店内的餐厅供应日本料理和每日自助早餐。

■ 地址：京都下京区，西洞院通四条下乐妙伝寺町707-1 ■ 网址：www.gardenhotels.co.jp ■ 电话：075-3615531

京都其他住宿推荐

中文名称	英文名称	地址	网址	电话	费用
鸟丸京都酒店	Karasuma Kyoto Hotel	京都市下京区乌丸通四条下	www.karasuma.kyotohotel.co.jp	075-3710111	约6020日元起
宜必思尚品京都车站酒店	Ibis Styles Kyoto Station	京都市南区东九条上殿田町47	www.ibis.com	075-6938444	约7533日元起
京都祇园佐野旅馆	Kyoto Ryokan Gion Sano	京都市东山区高台寺北门前通下河原东入鹫尾町504	www.gionsano.com	075-5610206	约9500日元起
贝索京都大酒店	Ryokan Nissho-Besso	京都市中京区三条通富小路西入中之町13	www.nissho-besso.com	075-2217878	约17800日元起

给孩子买什么

京都除了和其他城市一样有大型的购物中心和百货商店，还可以在这里找到颇受欢迎的各种土特产品店。想要寻找传统手工艺品的游客可以到京都手工艺品中心，在这里，你可以体验到七宝烧和版书制作的乐趣。喜欢日本陶器的游客应该去清水寺，在五板条两旁都是陶器商店及陶艺作家的住宅。对于带孩子的游客可以给孩子买些带有京都特色花纹、充满复古风味的服饰和零钱包，以及细致精美的团扇等，当然更少不了只有在京都才能买到的限定版点心啦！

京都给孩子买的特产	
特产	介绍
京果子	京果子是指京都的传统糖果，不仅仅口味好，更重要的是外形靓。颜色、形状应有尽有，让人目不暇接。它们一般都是水果味的，很受小朋友欢迎。有的糖果店还用20世纪六七十年代的电影海报纸来包装糖果，更有怀旧的情调
京都限定点心	这里还有很多当地限定的点心，也就是说，除了这里，再也找不到一模一样的精致点心了。所以，喜欢美好细节的你，千万不要放过这一经典美食哦
京都抹茶卷心酥	这个真的是只有京都才能买到的喔！而且只有祇园店一楼的抹茶卷心酥，在京都市是超有人气的
京都人形娃娃	日本京都人形娃娃以色泽鲜艳夺目的西阵织做成的服装及饰物，是京都人形娃娃的最高等级。细致的手工及缝制技巧，令人无不赞叹传统技艺之美
京扇	京扇种类很多，从折叠扇到团扇，从少女风再到小清新，你一定能够找得到属于你自己风格的一把。而且，在闷热的夏季，手持一把京都带回的具有浓浓时代风味的扇子，想必会拥有一种独特的韵味

不可错过的购物地

京都最为繁华的购物场所要数围绕在中京区周围的北大路、东大路、九条大道和西大路了。因为这里是二条城的所在地，自古以来就是人流不绝的地方，所以各大商场，购物的特色小店都可以在此处找到。一般来说，京都购物每年7月中、下旬打折较多，元旦前后亦有折扣促销活动。

● 京都手工艺中心

京都手工艺中心是一家销售以京都为代表的日本土产的综合商店，除了销售珍珠、漆器、泥绘、七宝烧等工艺品、和服、日本式的衬衣，还有装饰用的刀剑等应有尽有。所有的工作人员都能用外语交流，可以放心的购物休闲。还能看到师傅现场制作工艺品的表演，还设有木版画、京都七宝、贴花人偶等的制作教室。

■地址：京都市左京区圣护院円顿美町17　■交通：206路公交车熊野神社前下车步行2分钟到达　■营业时间：10:00～18:00　■电话：075-7615080

● 四条河原町

四条河原町与祇园隔鸭川相望，是市内最大的繁华街道。街道两旁既有古色古香的传统老店，也有走在时代前列的时尚店铺。街上各种百货店、时装店、电影院、大型书店林立，形成了一道亮丽的风景线。

■ 地址：京都市河原町大街与四条大街相交叉处一带　■ 交通：从京都站前搭乘市营4路，或205路，乘坐6站到四条河源町站下车即至　■ 营业时间：周一至周五10:00～21:00，周六10:00～20:00，周日11:00～18:00

● 锦市场

锦市场是京都著名的食品批发市场，主要销售各种鲜鱼、蔬菜、加工食品、料理食材和各种京都特产等，堪称"京都厨房"。在此，游客可以购买各种京都风味小食和特产和享受边买边食的乐趣。而一些店铺还会让顾客试吃，让顾客感到安心满意。

■ 地址：京都市中京区锦小路通　■ 交通：地铁"四条"站出站步行3分钟可到，阪急线"乌丸"站出站步行3分钟可到，"河原町"站出站步行4分钟可到　■ 营业时间：9:00～17:00，因店而异（很多店铺周三或周日休息）

京都其他购物地推荐			
店铺名称	简介	地址	营业时间
The Cube	这是一家在JR京都站附近商厦的地下购物街，拥有各式各样的京都名品和特色产物。游客到京都旅游想购买各种特产的话，The Cube是最佳的选择	京都市下京区乌丸通塩小路下东塩小路町901	8:30～20:00，因店而异
京扇堂	京扇堂所拥有的扇子和类繁多，从茶席扇，团扇，再到舞扇，祝仪扇，各式各样，都不禁让人感叹造物之人对于扇子的精妙构想	京都市下京区东洞院通正面上筒金町46	周一至周六9:00～17:00，周日、节假日10:00～18:00；年末年始休息
永旺购物中心	作为京都时尚购物的地标，永旺购物中心的设施一流，内设有KOHYO百货超市、美食街、京都最大的无印良品、京都最大型电影院、品牌齐全的超大型体育用品中心、大型电脑广场等	京都市南区西九条鸟居口町1番地	10:00～21:00，因店而异

在京都的出行

京都的交通很方便，以市营巴士为主的公交路线网络非常密集，对游客来说可能会有些复杂，但京都不少观光名胜只设有公交车站点，所以尽量把电车和公交线路结合起来利用，会使行程更加方便。对于带孩子的游客来说，如果想省时省力，可以选择包车游玩。如果想一家人想随心所欲地游玩，也可以选择租赁自行车。

● 京都的交通优惠票

京都有各种巴士和优惠乘车券，有时游客会不知道该选哪一种，建议先计划好自己想去的地方，然后再按行程选择尽量便宜且直达的交通方式。

京都的交通优惠票		
优惠票	介绍	价格
京都交通卡	市营巴士的全部车辆都可以直接使用此种磁卡，它可以通过地铁口的剪票口。一共有三种卡券可供选择，3000日元的是没有使用期限的，并且可以供两名以上的乘客使用	1000日元、2000日元、3000日元
市巴士一日乘车卡	当天如果打算乘坐3次以上的公车时，可以购买这种卡券，也省去了准备零钱的功夫。只要在规定的区间内上下车，就不需要支付区间外的差价。一般在地铁和公车问询处，公交营业厅，地铁售票处都有销售。另外要注意，这样的卡券都是当日有效的	成人500日元，儿童250日元
京都观光乘车券	有一日券和二日券两种，但二日券必须在连续的两天内使用。可乘坐的线路有：京都市巴士全线（定期观光线路除外），京都市营地下铁全线，以及京都巴士的部分线路。在地下铁和公交车问讯处、公交营业厅、地铁售票处等地有售	一日券成人1200日元，儿童600日元；二日券成人2000日元，儿童1000日元
京都地铁一日乘车券	在一天内不限次数乘坐京都地下铁的全部线路。而且，在当天进入部分沿线观光设施会有优惠政策，如二条城、京都市动物园、京都市美术馆等	成人600日元，儿童300日元

公交

京都市内最大的公交站是京都站前，很多条线路都经过这里，并由此始终。而且站台按照线路划分，很有秩序。公交车能覆盖到大多数景点，路线相对复杂，但是有不少公交车从京都站和四条附近的市中心以及河原町出发，到达各个主要景点。

京都有许多家公交车公司，分别运营不同的线路。在市内均统一票价，为230日元。在均价区域外，费用根据距离上涨。大部分公交车在乘车时是从后门上车、从前门下车，下车交纳车费。快到下车站时要提前按铃，然后等车停后下车。

● 潮爸潮妈如何在京都玩转公交车

京都市中心仿古长安、洛阳而建，街道呈棋盘格状分布，主要的大路有：东西向的东大路通、川端通京阪线、河原町通、西大路通等；南北向的有北大路通、今出川通、丸太町通、四条通、七条通。市区内多数公车站都设在这些大路的交叉口，比如河原四条、乌丸四条等。只要记住这些大路，然后在地图上找到要去的地点，看看离哪个路口最近，就可以自由地乘坐公车到这些路口再前往目的地。

京都市营地下铁

京都市营地下铁由南北向的乌丸线和东西向的东西线组成，两条线路的换乘站为乌丸御池站。乌丸线为绿色，用"K"表示，东西线为红色，用"T"表示。此外，每个地铁站都有数字编号，地铁站使用这个编号和线路字母来表示站名。各地铁站周围都有公交车站，地铁换乘公交十分方便快捷。

地铁票在车站的自动售票机购买，购买车票时，放入硬币或钞票，再按下目的地的按钮。车站有自动检票机，插进车票即可进入车站内，然后取回验过的车票；出站的时候，把车票插进自动检票机里即可出站，单程车票会被回收，乘车卡或多日票则要记得取回。如果实际乘坐的距离超过票价购买的金额，出站前需要用检票口附近的精算机投币补票，然后把新出的车票投入检票机方可出站。成人票价210～350日元，儿童票价110～180日元。

京都JR铁路

京都市内主要的JR运行路线有JR嵯峨野线、JR奈良线，各线换乘站台位于京都站的中心区域。JR嵯峨野线开往二条城、岚山、嵯峨野方向，JR奈良线开往伏见、宇治、奈良方向。列车根据行车方向设有普通、指定座席、快速、急行、特急等车次，中途停车也各有不同。车票价格与各大城市基本一致，购票可在自动售票机和JR绿色窗口，购票方法和日本全国各地相同。

京都私铁

私铁覆盖了京都市内和来往周边城市的城际交通，京都市内主要私铁包括叡山电铁、京阪电车、阪急电车、京福电铁（又称岚电）、近铁电车等线路，站点覆盖了不少观光景点。票价150日元起，具体价格按距离远近而不同。大部分私铁可以使用关西一卡通，也有各运营公司的一日券或多日券优惠可以选择购买。

从大阪梅田站可以乘坐阪急京都线的特急列车前往京都市中心的乌丸站和河原町站，车程约40分钟，票价约400日元。从大阪淀屋桥站乘坐京阪本线的特急列车可以到达京都市的三条站、祇园四条站等地，车程约50分钟，票价约400日元。

观光巴士

京都市观光巴士种类很多，最常见的是"洛巴士"，它共有100、101、102路3条线，且每条线路车身颜色不同，上面有"洛"的字样。它的沿途线路都是按照当地的文化遗产和特色景点来设置的，报站时会使用中、英、日、韩四国语言，所以也可以不用担心会坐错站的问题。

出租车

京都的出租车大部分可坐4人，也有的车型可容纳5人。根据车型大小和公司不同，费用也不同。一般来说，起步2千米为580～650日元，之后每370～430米是80日元。另外，每晚11点至次日5点，需增加20%的费用。京都的出租车还可以按游客的使用时间、游览景点提供包车服务，价格另议。如果几人一起出行，乘坐出租车有时比巴士更舒适合算。

京都站的乌丸口是出租车集中的候车点。出租车顶上有表示公司名称的标志灯。车费显示在计价器上，乘车前先确认车内是否有计价器。另外，日本出租车的车门都是自动开关，不需要自己动手。

自行车

京都市内路面平坦，多为平道小路，而且街道也都很有韵味，所以在京都旅行，把自行车当作代步工具是最好不过的了。在京都有许多出租自行车的店铺，通常租金是普通车天1000日元，山地车每天1300～1500日元。

潮爸辣妈提示

1.停放自行车时最好停在固定的停车点（有些停车场收费），而且一定要记得上锁。有"驻轮禁止"标志的地方不能停自行车。

2.在日本骑自行车是要靠左侧通行的。

3.租车时通常都会给一份骑车地图，上面会列出各处名胜及骑行线路，一定要保留好。

去奈良公园
邂逅梅花鹿

去奈良看鹿，应当是孩子们去奈良最重要的理由吧。虽然在奈良很容易看到小鹿，但奈良公园仍然是鹿群最集中的地方，因此也有人称它为"梅花鹿公园"。走进园内你会发现，偌大的一片山林草地，任由小鹿们随意生存。当你摊开手掌，鹿儿们便会礼貌地聚集到你身边，在被你喂过美味的鹿仙贝之后还会频频点头以示感谢。来奈良公园和梅花鹿进行一次美丽的邂逅吧！

● 奈良公园简介

奈良公园位于奈良市区的东侧、春日山脚下，是一个占地面积很大的开放式公园。公园中一年四季景色优美如画，在宽阔的草甸上生活着成百上千只野生梅花鹿，公园周围还聚集着东大寺、春日大社等名胜古迹。从自然景观到人文历史，奈良公园简直是应有尽有，在这里逛上一天都不满足呢！

● 与梅花鹿亲密接触

在奈良公园内可以看到小鹿们或是默默在草地上觅食，或是相互嬉闹玩耍，或是走到你面前来弯下头蹭蹭你，非常讨人喜欢。你可以在它们的身边近距离观察他们，抚摸毛茸茸的鹿毛、并不坚硬的鹿角，感受它们温暖的呼吸。这些大自然的小精灵们睁大眼睛望着你，偶尔吐吐舌头，怎能不让人心动呢？

这里有不少卖鹿饼的摊位，每份150日元，你可以买一点来喂鹿吃。机灵的小鹿一嗅到你手中的鹿饼便会跟过来，在喂食的时候一定要注意安全，以免被鹿咬到或踢到。

● 关于奈良鹿的传说

北欧神话中雄鹿是宇宙的象征，凯尔特神话中鹿是仙境的畜群，是神界与凡间的信使。而关于奈良鹿，说是在公元710年在创建奈良春日大社的时候，从鹿岛请来的神仙骑鹿而来，人们因此认为鹿是神的使者，如果谁敢捕杀鹿，或者伤害鹿，都会受到严厉处罚，甚至死罪。至今奈良仍旧流传着一个可悲伤的传说，有个叫三作的男孩因为误杀了在春日大社觅食的鹿而被活埋。

● 奈良公园周围的景点

除了可爱的鹿群，公园周围的寺庙、神社也是吸引游人的地方。潺潺的流水、池塘和小溪也为公园增添了许多色彩，在树林中隐约可以望见寺庙的大屋顶和塔楼。

奈良公园北面有东大寺，东大寺是我国的鉴真和尚在754年东渡日本后传戒之处。其气势磅礴的大佛殿是世界上最大的木造宗教古建筑之一，在殿内能观赏到著名的青铜佛像，走到二月堂还可以俯瞰奈良的景色。寺内里面有一个奇怪的柱子，中间挖了个小洞。被称为"佛祖的鼻子"，据说如果能从其中穿过，就能得到平安喜乐。

奈良公园东南边春日山脚下有春日大社，被苍翠秀丽的植被环抱着，显得古意而自然。每年2月和8月万灯节时，通向主殿的石子路两旁会点亮几千盏灯笼，营造出美妙神圣的场景，非常令人难忘。

此外，奈良国立博物馆、依水园、兴福寺等景点也在附近，时间允许的话，不妨一并游览。

● 资讯信息

奈良的交通信息

搭乘JR新干线、近铁快车或是巴士都可以直达奈良。乘坐近铁京都线快车从京都车站至近铁奈良车站约40分钟。 近铁线kintetsu line连接着近铁京都站和近铁奈良站，是从奈良到京都速度最快，最方便的交通方式，尽量选择7:51的车前往奈良，8:54到达。特急是直达，更舒适，急行列车需要在西大寺Saidai-ji换车。

奈良公园的资讯信息

■ 地址：奈良市区的东侧、春日山脚下　■ 电话：075-42220375　■ 交通：从近铁奈良站或JR奈良站步行约10-15分钟即可进入奈良公园　■ 网址：nara-park.com

⭐ 京都省钱大比拼

对孩子优惠的景点			
景点名称	孩子玩点	优惠信息	地址
清水寺	赏樱、赏枫	一般参拜成人300日元，中小学生200日元	京都市东山区清水1-294
金阁寺	享受美景、抽签	成人400日元，初中生、小学生300日元	京都市北区金阁寺町1
岚山	乘小火车、体验漂流	免费	京都市右京区岚山

景点名称	孩子玩点	优惠信息	地址
二条城	欣赏夜樱景观	成人600日元，初中生、高中生350日元，小学生200日元，小学生以下免费	京都市中京区二条通堀川西入二条城町541
花见小路	体验日本风情	免费	京都市东山区祇园町南侧花见小路通
天龙寺	观庭院风光	成人500日元，初中生、小学生300日元，学龄前儿童免费	京都市右京区嵯峨天龙寺
三十三间堂	观看射箭竞技、"春桃会"等庆典活动	成人600日元，高中生、初中生400日元，儿童300日元，3月3日免费开放	京都市东山区三十三堂京都市西京区岚山町657
银阁寺	赏景	成人、高中生500日元，初中生、小学生300日元	京都市左京区银阁寺町2
渡月桥	观看风景和表演	免费	京都市西京区岚山
京都御所	了解日本皇室生活	免费	京都市上京区京都御苑3
龙安寺	观看日本庭院	成人500日元，15岁以下儿童300日元	京都市右京区龙安寺御陵下町13
祇园	欣赏京都传统艺能表演	免费	京都市东山区祇园町
哲学之道	赏樱	免费	京都市左京区净土寺石桥町
鸭川	欣赏白鹭	免费	京都市右京区嵯峨鸟居本小坡町32
京都塔	俯瞰京都风貌	展望室成人770日元，高中生620日元，小学生、初中生520日元，3岁以上儿童150日元	京都市下京区乌丸通七条下临东临小路町721−1
岚山公园	赏樱、游玩	免费	京都市西京区岚山上河原町
源氏物语博物馆	了解日本古代文化	成人票500日元，中学生、高校生、大学生300日元、小学生200日元	京都市宇治市宇治东内45号
西阵织会馆	租借和服	免费	京都市上京区堀川通今出川南入竖门前町414
圆山公园	赏樱	免费	京都市东山区円山町473
东映太秦电影村	体验鬼屋等	成人2200日元，初、高中生1300日元，3~12岁1100日元	京都市右京区太秦东蜂冈町10

PART3 带孩子游京都

最好的学习在路上
带孩子游日本

PART 4

带孩子游大阪

133 ▶ 159

大阪被称为"水之都"，你可以带孩子去大阪海洋馆观看鲨鱼，可以去道顿崛品尝各色地方美食，也可以去日本环球影城进入哈利·波特的魔法世界，可以带孩子去观看一场紧张而刺激的相扑比赛，或是去乘坐世界上最高的天宝山大摩天轮……带孩子来大阪吧，在这座活力十足的城市中，让你和孩子感受大阪的"原汁原味"。

带孩子怎么去

优选直达航班

目前乘坐飞机从中国能直达日本大阪的城市主要是北京和上海。对于带孩子出行的游客可以参考下面的信息，选择航班。表格中的出发时间是以北京时间为准，到达时间是日本当地时间。

承运公司	航班号	班次	路线	出发时间	到达时间	实际北京时间
中国到大阪的直飞航班资讯						
中国国际航空公司	CA6655	每天均有	北京→大阪（关西机场）	14:35	18:20	17:20
	CA161	每天均有	北京→大阪（关西机场）	16:05	20:10	19:10
	CA927	每天均有	北京→大阪（关西机场）	8:40	12:40	11:40
	CA921	每天均有	上海（浦东机场）→大阪（关西机场）	9:15	12:10	11:10
	CA857	每天均有	上海（浦东机场）→大阪（关西机场）	11:40	15:00	14:00
	CA6663	每天均有	上海（浦东机场）→大阪（关西机场）	12:20	15:15	14:15
	CA163	每天均有	上海（浦东机场）→大阪（关西机场）	17:30	20:30	19:30
	CA6665	每天均有	上海（浦东机场）→大阪（关西机场）	18:45	21:40	20:40
中国东方航空	MU525	周一、三、五、日有	北京→大阪（关西机场）	9:45	14:00	13:00
	MU277	周二、四、六有	北京→大阪（关西机场）	9:40	15:10	14:10
	MU225	每天均有	上海（浦东机场）→大阪（关西机场）	9:00	12:10	11:10
	MU8725	每天均有	上海（浦东机场）→大阪（关西机场）	13:25	16:35	15:35
	MU8765	每天均有	上海（浦东机场）→大阪（关西机场）	17:50	21:00	20:00
	MU729	每天均有	上海（浦东机场）→大阪（关西机场）	18:25	21:30	20:30
	MU747	每天均有	上海（浦东机场）→大阪（关西机场）	12:35	15:40	14:40

承运公司	航班号	班次	路线	出发时间	到达时间	实际北京时间
全日空航空	MU9821	每天均有	上海（浦东机场）→大阪（关西机场）	15:25	18:30	17:30
	MU515	每天均有	上海（浦东机场）→大阪（关西机场）	9:55	13:10	12:10
	NH160	每天均有	北京→大阪（关西机场）	14:35	18:20	17:20
	NH5724	每天均有	北京→大阪（关西机场）	16:05	20:10	19:10
	NH5722	每天均有	北京→大阪（关西机场）	8:40	12:40	11:40
	NH5732	每天均有	上海（浦东机场）→大阪（关西机场）	9:15	12:10	11:10
	NH5744	每天均有	上海（浦东机场）→大阪（关西机场）	11:40	15:00	14:00
	NH156	每天均有	上海（浦东机场）→大阪（关西机场）	12:20	15:15	14:15
	NH5726	每天均有	上海（浦东机场）→大阪（关西机场）	17:30	20:30	19:30
	NH154	每天均有	上海（浦东机场）→大阪（关西机场）	18:45	21:40	20:40
	NH176	每天均有	香港→大阪（关西机场）	15:25	19:45	18:45

从机场到大阪市

大阪主要的机场有大阪国际机场（伊丹机场）和关西国际机场。大阪国际机场位于伊丹和池田的交界，主要承担国内航班运输服务。关西国际机场位于大阪湾的人工岛上，是日本第二大国际机场，主要承担国际航空运输服务。从中国的北京、上海等城市都有直达的航班到大阪的关西国际机场，机场还有多种交通方式可来往于大阪市内及周边城市，非常方便。

●从大阪国际机场出发

大阪国际机场（Osaka International Airport）亦称大阪伊丹机场，是大阪的内陆机场。从该机场前往大阪市区可乘坐电车、机场大巴、出租车等交通工具。

■ 地址：3 Chome-555 Hotarugaike Nishimachi, Toyonaka　　■ 网址：www.osaka-airport.co.jp

大阪国际机场至大阪市的交通			
交通方式	英文	介绍	时间及票价
电车	Tram	在机场大楼到门真市站有单轨电车运行，且经过的站点与地铁、私铁都有连接，首班车时间是5:50，末班车23:30	200～540日元
机场大巴	Airport bus	乘坐机场大巴前往大阪市中心，首班车5:57，末班车20:30	每5分钟一趟，票价为620～1900日元
出租车	Taxi	大阪的出租车多为丰田和皇冠，车内亮起红灯时表示空车，乘客由左后门上车	从机场到大阪市区大约需4000日元，另外加上700日元的过路费

●从关西国际机场出发

关西国际机场简称关空，位于日本大阪湾东南部的泉州海域离岸5千米的海面上，是关西地区主要的对外国际机场。关西国际机场距离大阪市的市中心只需1小时的车程，从该机场前往大阪市区可搭乘JR特急电车、机场大巴、出租车等交通工具。

■ 地址：1 Senshukukokita, Izumisano, Osaka Prefecture   ■ 网址：www.kansai-airport.or.jp

关西国际机场至大阪市的交通			
交通方式	英文	介绍	时间及票价
电车	Tram	前往大阪可以乘关西机场线特快Haruka到王寺站、新大阪站方向乘JR关西机场快速，到大阪站	关西机场线到大阪市区需55分钟，价格2800日元乘JR大约1小时10分钟，价格1160日元
公交车	Buses	在国际航班航站楼到达大厅1楼正面的公交停靠点可以上车，上车前需在1楼外侧的售票机处购买车票	从关西机场到JR难波站880日元，约45分钟，到其他地区1300日元，约50～80分钟
出租车	Taxi	出租车的乘坐地点第一航站和第二航站都在1F，关西机场还有专用的合乘出租车，最多可坐9人	1小时左右，价格在16000～18000日元
利木津巴士	Limousine Bus	往返于关西机场和市区主要车站之间，国际航线抵达楼层1楼公交停靠点	从机场到大阪站前约50分，单程1900日元

亲子行程百搭

市内百搭

文艺路线

搭乘市营公交车62路在大手门站或马场町站下

❶ 大阪城 ③小时
Osaka Castle

⌄ 向南前行约200米，15分钟可到

❷ 大阪历史博物馆 ②小时
Osaka Museum of History

⌄ 向西南步行约5分钟可到

❸ 难波宫遗迹公园 ①小时
Naniwanomiyaato Park

⌄ 乘坐Nagahori Tsurumi-ryokuchi Line，在心斋桥站下车即到

❹ 心斋桥 ②小时
Shinsaibashi

文化之旅路线

从JR大阪天满宫站或京阪天满桥站步行15分钟

❶ 造币博物馆 ①小时
Mint Museum

⌄ 乘坐31路公交车，17分钟可到

❷ 毛马樱之宫公园 ②小时
Kema Sakuranom iya Park

⌄ 乘坐Keihan Main Line，在淀屋桥站下

❸ 东洋陶瓷美术馆 ②小时
Museum of Oriental Ceramics

⌄ 向西北步行约1000米，15分钟可到

❹ 北新地 ②小时
Kitashinchi

购物路线

从JR大阪站、阪急梅田站、地铁梅田站步行约9分钟

❶ 梅田蓝天大厦 ②小时
Umeda Sky Building

⌄ 向西南方向步行约15分钟可到

❷ 千房大阪烧 ①小时
Chibo

⌄ 向东南前行1000米左右，约15分钟可到

❸ 梅田 ①小时
Umeda

⌄ 向东北方向步行约800米，约10分钟可到

❹ Hep Five摩天轮 ①小时
Hep Five Ferris wheel

大阪市内百搭路线示意图

周边百搭

影视路线

搭乘JR梦咲线至环球城站下车，进入"Universal Citywalk大阪"后至4楼

❶ 大阪章鱼烧博物馆 `1小时`
Universal Citywalk Osaka

⌄ 向南步行约350米，6分钟可到

❷ 日本环球影城 `5小时`
Universal Studios Japan

⌄ 乘坐Sakurajima Line，然后换乘Osaka Loop Line至Osakako Station站下，约35分钟

❸ 天保山大摩天轮 `0.5小时`
Tempozan Giant

亲近自然路线

搭乘市营地铁中央线至大阪港站下车，再步行约5分钟即到

❶ 大阪海游馆 `3小时`
Osaka Aquarium Kaiyukan

⌄ 步行至Osakako Station站，乘坐Chuo Line，至Cosmo Square Station站，约26分钟可到

❷ WTC宇宙大厦 `2小时`
WTC Cosmo Tower

⌄ 向西南方向步行约1.5千米，约20分钟可到

❸ 大阪南港野鸟园 `1.5小时`
Osaka Nankou Bird Sanctuary

大阪周边百搭路线示意图

亮点

1. 日本环球影城：进入哈利·波特的魔法世界
2. 天保山大摩天轮：体验飞翔的快感
3. 道顿堀美食街：体验各种美食
4. 大阪市立科学馆：体验科学的魅力
5. 大阪南港野鸟园：观鸟
6. 大阪章鱼烧博物馆：进入章鱼烧的世界

日本环球影城

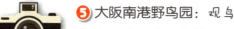

日本环球影城（Universal Studios Japan）位于大阪市内，是以好莱坞电影为主题的大型主题乐园。在这里你可以走进城堡，穿过魔法学校的教室和走廊，去探访

适合孩子年龄： 5～11岁
游玩重点： 进入哈利·波特的魔法世界、玩3D蜘蛛侠室内飞车、乘坐的"鹰马的飞行"等

"邓布利多的校长室"和"黑魔法防御术教室"等房间，途中"会动的肖像画"和"分类帽"还会和你搭话。除此之外，你还可以玩3D蜘蛛侠室内飞车、倒着开的音乐过山车等惊险刺激的游乐设施，还有适合全家乘坐的"鹰马的飞行"等。

亲子旅行资讯

📧 大阪市此花区樱岛2-1-33

🚗 从JR大阪车站搭乘JR环状线至西九条车站，然后换乘梦咲线（即樱岛线）至环球城车站下，再步行5分钟左右即到

🌐 www.usj.co.jp

💴 一日券成人6980日元，4～11岁儿童4880日元，65岁以上老人6270日元；两日券成人11740日元，4～11岁儿童8250日元

🕐 每月各异，一般为9:00～21:00

☎ 057-0200606

潮爸辣妈提示

1. 平日前往环球影城，玩项目的排队时间较短，一般10～15分钟左右。如果在周末、节假日前往，可以购买快速通行券（Express Pass）来减少排队时间。

2. 当客流量较大时，进入"哈利·波特的魔法世界"需要定时入场券。你可以当天在影城的中央公园免费索取，或者事先购买特定的Express Pass。

3. 玩侏罗纪公园、大白鲨等项目及看水世界表演时会有喷水，请提前披上雨衣，你可以自备或在乐园里购买。

大阪海游馆

大阪海游馆（Osaka Aquarium Kaiyukan）位于大阪天保山，是世界上最大级别的室内水族馆之一。海游馆展示了600多种形形色色的生物，不仅有各种鱼类，还有两栖类、爬虫类、鸟类、哺乳类以及无脊椎动物、植物

适合孩子年龄：5～10岁
游玩重点：观看各种海洋生物

等，非常壮观。当你进入"鱼类穿越道·水门"中，五彩缤纷的鱼类在你头顶游来游去，包括憨态可掬的魔鬼鱼，超级可爱。在这里你还能亲手摸一摸魔鬼鱼、小鲨鱼等动物，此外，在海游馆中还能看到龙虾、章鱼、红海龟、日本蜘蛛蟹以及形态各异的水母等海洋生物。如果你在夜间到此，还有机会看到动物们可爱的睡姿哦。

亲子旅行资讯

✉ 大阪市港区海岸通1-1-10
🚗 从地铁中央线大阪港站步行约5分钟，从大阪市巴士天保山即到
🌐 www.kaiyukan.com
💴 成人（高中生或16岁以上）2300日元，初中生、小学生1200日元，4岁以上幼儿600日元，60岁以上老年人2000日元，3岁以下幼儿免费
🕙 10:00～20:00
☎ 06-65765501

潮爸辣妈提示

1.每到周末和节假日，参观海游馆都需要排很长的队伍，建议在工作日带孩子前往或尽早到达，以避开拥护的人群。

2.在触摸池亲手触摸魔鬼鱼、小鲨鱼等动物时，请注意不要让孩子触碰到魔鬼鱼的尾巴。

天保山大摩天轮

适合孩子年龄：8～12岁
游玩重点：乘坐摩天轮

天保山大摩天轮（Tempozan Giant Ferris Wheel）坐落在大阪湾口，曾经是世界上最大、最高、也是技术最先进的摩天轮。乘坐摩天轮，你可以从高空中尽情地俯瞰大海、远山及整个大阪市的美丽景色，还可以从跨海的明石海峡大桥起一直看到神户的六甲山。而且还能看到世界上首次安装的"流星雨烟花"可形成直径100米的美丽彩灯图案，十分美丽。赶快带上孩子，来体验一把在空中飞翔的感觉吧。

亲子旅行资讯

✉ 大阪市港区海岸通1-1-10
🚗 乘地铁中央线到大阪港站，1号出口出后徒步5分钟
🌐 www.senyo.co.jp
💴 成人800日元，3岁以下儿童免费
🕙 10:00～22:00（因季节而异），售票截止至21:30
☎ 06-65766222

万博纪念公园

万博纪念公园（Banpaku Memorial Park）位于大阪府中北部千里山丘陵东侧，是在1970年大阪世博会的旧址上改造的。公园中最醒目的建筑莫过于自然文化园内的太阳塔了，造型古怪的太阳塔有3个图腾式的"脸"，它们

象征着过去、现在和未来，不要忘记在这里和它留个影哦。公园内姹紫嫣红，环境优美，有水池、瀑布和潺潺流水，你们一家人可以在这里散心游玩，租乘天鹅、恐龙等有趣造型的脚踏船，在湖中尽情游览。或者搭乘园内森林观光火车游览风景。

亲子旅行资讯

✉ 大阪府吹田市千里万博公园1-1
🚗 搭乘地铁御堂筋线至千里町站，再换乘大阪单轨电车到万博纪念公园站下即到
🌐 www.park.expo70.or.jp
💴 日本庭园和自然文化园通票成人250日元，初中生、小学生70日元
🕐 9:30～17:00，休息日为周三
☎ 06-68773334

大阪城公园

大阪城公园（Osaka-jō）面积广阔，每年1月下旬至3月上旬，公园内梅林里的梅花纷纷盛开，吸引了众多旅行者前来观赏。偌大的大阪城公园不仅是深受大阪市民喜爱的都会绿洲，来自日本国外的观光客也不少。樱花季的时候园子里错落有致的樱花和树木五颜六色似彩云一般，一团团的美极了。一家人漫步河边，奇花异卉，满目青翠，充满诗情画意，或者和孩子在堀岸边观赏水边的野鸟。每到周末会有许多未成名的乐队来到外护城河边免费的演出，如果运气好还有免费的CD发放。

亲子旅行资讯

✉ 大阪市中央区大阪城1-1
🚗 搭乘JR大阪环状线到大阪城公园站下车，步行大约15分钟可到
🌐 www.osaka-johall.com
💴 公园免费，里面的天守阁门票价格为600日元
🕐 9:00～17:00
☎ 06-69410345

潮爸辣妈提示

拍摄天守阁照片时一定不要错过城顶的金色大鲤鱼。

方便面发明纪念馆

适合孩子年龄： 9～12岁
游玩重点： 猜谜游戏桌、
我的合味道小工厂等

方便面发明纪念馆（The Instant Ramen Museum）是为了纪念"方便面之父"安藤百福而设立的，馆内展示着1958年方便面诞生时的制作工具、研发过程及方便面发展的历史等内容。在这里你可以看到曾同宇航员一起飞往太空的世界上第一份"太空拉面"，还能在猜谜游戏桌，通过形式多样的互动问答来进一步了解方便面。而且你可以和孩子在我的合味道小工厂中，在杯身上绘制图案，选择自己喜欢的汤料、菜料，制作成独一无二的方便面，十分有趣。

亲子旅行资讯

- ✉ 大阪府池田市满寿美町8-25
- 🚃 搭乘阪急电车宝塚线至池田站下车，从满寿美町方向的出口步行约5分钟即到
- 🌐 www.nissin-noodles.com
- 🕤 9:30～16:00，休馆日为周二（适逢节日则次日休馆）、年末年始
- ☎ 072-7523484

潮爸辣妈提示

1.鸡汤拉面制作体验只在周三至周日开放，需提前预约，且报名人数至少要2位。网络预约可查询：www.instantramen-museum.jp；你也可以拨打预约专线电话：072-7510825。

2.在综合服务台可以免费索取中文版导览小册子，也可以免费租一台中文版的语音导览器。

大阪南港野鸟园

大阪南港野鸟园（Osaka Nankou Bird Sanctuary）是利用位于大阪湾的咲洲填筑地西北角的人工海涂建成的。这里是候鸟们的中转站，在园内可以听见小鸟们的鸣叫声，看到鸟儿自由自在的嬉戏。在观察所内还可以近距离观察小鸟，非常有趣。如果你的孩子非常喜欢观看鸟类，那就别再犹豫了，赶快带他来这里吧！

适合孩子年龄： 9～12岁
游玩重点： 鸡岛、看海

亲子旅行资讯

- ✉ 大阪市住之江区南港北3-5-30
- 🚃 从南港Port Town线"贸易中心前站"3号出口步行13分钟可到
- 🌐 www.osaka-nankou-bird-sanctuary.com
- 🕤 展望塔9:00～17:00，休息日为周三、12月28日至次年1月4日
- ☎ 06-66135556

大阪市立科学馆

大阪市立科学馆（Osaka Science Museum）是位于大阪市北区中之岛的科学馆，以"宇宙和能源"为主题。这里有很多模型可以让孩子去触摸和做试验。在不同的发电模型中，孩子可以通过自己的体验来发电，如手绞发电机可以点亮灯泡，脚踏发电机，甚至还有一台水力发电机，孩子们可以用手把水泵到高处，然后流下来发电。馆中还放着一个原子称，能够让孩子称一称身体到底由多少个原子组成。在亲子科学中，大人可以和孩子一起体验，一起探索。

适合孩子年龄：8～14岁
游玩重点：观看模型和做实验

亲子旅行资讯

- ✉ 大阪府大阪市北区中之岛 4 丁目 2－1
- 🚌 从Higobashi地铁站或Yodoya-bashi地铁站步行即可
- 🌐 www.sci-museum.jp
- 展示厅成人400日元，高中生、大学生300日元，初中生以下免费。天文馆成人600日元，高中生、大学生450日元，初中生、3岁以上儿童300日元
- 🕐 9:30～17:00，因季节而有所变化。休馆日为周一
- ☎ 06-64445656

道顿崛美食街

道顿堀（Dotonbori）位于心斋桥的南端，是大阪最繁华的商业区之一，也是地标级的美食据点。你会注意到很多店家的招牌都是立体的，除了知名的"大螃蟹"，还有绿色的龙、握着鲔鱼寿司的巨手、特大的饺子等造型，非常生动，光看起来就让人垂涎欲滴。和孩子一起来这里，许多著名的小吃像金龙拉面、章鱼烧、回转寿司、河豚肉等在这都可以吃到。在这里享受完地道的美食后，可以带孩子去乘坐运河北岸的财神爷摩天轮，或者一家人乘坐水上观光船来游览道顿堀川两岸风光。

适合孩子年龄：5～14岁
游玩重点：品尝美食、乘坐财神爷摩天轮、乘坐观光船

亲子旅行资讯

- ✉ 大阪市中央区道顿堀
- 🚌 乘坐地铁在难波站下即到

潮爸辣妈提示

想要乘坐水上观光船来游览道顿堀的话，乘坐地点为太左卫门桥下，就在财神爷摩天轮旁边，票价为700日元，如果你买了大阪周游卡可以免费乘坐。观光船运营时间为平日13:00～21:00，周末、节假日及繁忙时期11:00～21:00，每半小时一班，航程20分钟。

大阪章鱼烧博物馆

大阪章鱼烧博物馆（Universal Citywalk Osaka）位于日本环球影城门外的一座商场内。进到博物馆里面，就可以看到一路排开的各种章鱼烧名店。你能看到开放式厨房中师傅制作章鱼烧的过程，香味四溢一定令你和孩子垂涎欲滴。博物馆的章鱼烧纪念品会让你有很多惊喜，不止有各式章鱼烧的烹调器具，还有速冻的章鱼烧，甚至还有章鱼烧巧克力、用竹签串的章鱼烧的蜘蛛侠、坐在章鱼烧木船上的哆啦A梦……赶快带孩子来这里一饱口福吧。

适合孩子年龄：8～12岁
游玩重点：品尝各种美味章鱼烧

🎵 亲子旅行资讯

✉ 大阪市此花区岛屋6-2-61

🚌 搭乘JR梦咲线至环球城站下车，进入"Universal Citywalk大阪"后至4楼即可找到大阪章鱼烧博物馆

🍴 吃章鱼烧360日元起

📷 11:00～22:00，因季节可能有所变化

☎ 06-64643080

大阪其他景点推荐			
中文名称	英文名称	地址	网址
大阪城	Osaka Castle	大阪市中央区大阪城1－1	www.osakacastle.net
通天阁	Tsutenkaku	大阪市浪速区惠美须东1-18-6	www.tsutenkaku.co.jp
四天王寺	Shitennoji Temple	大阪市天王寺区四天王寺1-11-18	www.shitennoji.or.jp
美国村	America Mura	大阪市中央区西心斋桥地区	www.americamura.jp/ch
大阪历史博物馆	Osaka Museum of History	大阪市中央区大手前4-1-32	www.mus-his.city osaka.jp/chn1/index.html
法善寺横丁	Hozenji Yokocho	大阪市中央区难波1丁目2-16	—
上方浮世绘馆	Kamigata Ukiyoe Museum	大阪市中央区难波1-6-4	www.kamigata.jp
大阪巨蛋	Osaka Dome	大阪市西区千代崎3-中2-1	www.kyoceradome-osaka.jp
空中庭园展望台	Floating Garden Observatory	大阪市北区大淀中1-1-88	www.kuchu-teien.com/sc/index.html
国立国际美术馆	National Museum of Art	大阪市北区中之岛4-2-55	www.nmao.go.jp
中之岛公园	Nakanoshima Park	大阪市北区中之岛1丁目	—
西之丸庭园	Osaka Castle Nishinomaru Garden	大阪市中央区大阪城2	—
大阪市立科学馆	Osaka Science Museum	大阪市北区中之岛4-2-1	www.sci-museum.jp

跟孩子吃什么

　　大阪是"吃货"的天堂，这里不仅云集了整个关西地区的美食，也荟萃了全球各地的佳肴，各国菜式应有尽有。因此，带孩子来到大阪绝对有必要花上一些时间来品尝各种食物。你可以和孩子一起品尝老字号的怀石菜，大阪著名螃蟹火锅，还有大阪寿司、章鱼烧等，美味小吃更是数不胜数。

大阪的特色美食

特色美食	介绍
章鱼烧	章鱼烧是最有大阪特色的美食，它的里面会真的放上一小只章鱼，肉塞得满满的。然后，出锅的时候，店家会在上面撒上厚实的木鱼屑，这些木鱼屑会因为章鱼烧的热气上下起伏飘动，看得人口水都会流下来
大阪寿司	用油非常少，材料新鲜，配比可口，味道丰富，各种卷寿司都被老板命名为各种写意的名称，比如多用海货的叫大海之恋，酸甜可口的叫我是女生，新鲜好玩之余，让人很容易记住
怀石菜	日本烹调技术的精华。利用蔬菜、鱼介、海草等精制而成，味道异常鲜美
大阪烧	大阪烧，"Okonomi"意为"配料随你挑选"，它表达了隐含在大阪这一人气小吃背后迷人的烹饪理念：高丽菜、肉类或任意海鲜，加上鸡蛋，再浇上特制的酱汁，味道鲜美无比
箱型寿司	这种颇具盛名的手工捏制的"江户前寿司"，起源于东京一带。但到了大阪，这里的料理人将它改造成了独特的方形，被放在方形木盒里。它的各种配料和米饭在这种形状下，变成了各种规则的"边角方块"，既美味，又增添了乐趣
河豚火锅	"Tecchiri"是一种以名贵的河豚为原料的全套盛餐。先上切得很薄的河豚生鱼片，最后品尝河豚肉与蔬菜炖成的美味什锦粥。在许多餐馆里都可以吃上这道高级的菜品
串烧	大阪通天阁地区有名的小吃。用山芋粉裹牛筋肉、茄子、大虾等，加白味噌炖煮之后，热油炸制而成。具有脆而不油，香甜滑嫩的特点

●不可不去的蟹道乐

　　几乎每个来到道顿堀的游客都会被一只巨大的蟹模型所吸引，这里就是大名鼎鼎的蟹料理专门店——蟹道乐道顿堀本店。蟹道乐最难得之处还在于店家全年供应北海道最有名的松叶蟹、帝王蟹等名物烹制的"日式螃蟹酒席""螃蟹火锅套餐""炭烧螃蟹套餐"等美食。

　　在这里你可以和孩子选择各种套餐，从刺身到煮、烤、煎、涮等各种方式都有。走进店中，你会看到筷子套、筷子架以及纸巾，都印着螃蟹的图样。餐牌还贴有照片，哪怕潮爸潮妈不懂日文也能看懂。入座时，穿着和服、木屐的店员会奉上热毛巾及冒着热气的日式绿茶，之后隔段时间亦会更替毛巾，十分贴心。在温馨的用餐氛围中，一家人可以在此尽情享受螃蟹料理。最后，店员会为客人冲泡抹茶，倒在雪糕上，便成为是一道不错的饭后甜品哦。

●章鱼烧的来源

据说章鱼烧最早出于大阪的章鱼烧丸专营店会津屋的创始人远藤留吉之手。远藤留吉起初将肉、魔芋等加入调开的小麦粉面糊里煎烧后放在食摊上卖。后来，1935年时，远藤留吉开始使用章鱼作为原材料，并在面糊里调入味道，煎烧出的章鱼烧丸大受人们的欢迎。因每颗章鱼丸里都有鲜章鱼肉，其味鲜而香，营养成分十分丰富，广受消费者的青睐，故得其名为章鱼小丸子，又名为章鱼烧，很快，章鱼烧从大阪被推广到日本全国。

孩子最喜欢的餐厅

道顿堀是大阪最繁华的地区，也是大阪饮食文化的发源地，这里是带孩子品尝美食的首选，尤其是久负盛名的法善寺小巷更是如此。在这里，不要放弃任何一家看似不起眼的小店铺，说不定你漏掉的就是超级人气美食点。此外，位于大阪港湾地区的浪花美食小巷也值得一去，这里到处是让人眼花缭乱的小店铺，章鱼烧、笑来美饼、咖喱饭，无不让人垂涎欲滴。如果想要带孩子去享受高档次的美食，那么位于大阪北新地堂岛一带的堂岛滨则是最好的选择，这里到处是装修精美的咖啡厅和餐厅。

●桃龙园

这家餐厅以北京菜和广东菜为主，选用当地新鲜的食材，海鲜料理格外人气，菜样精致，餐具也很上档次，有些类似日式料理的感觉，味道深受好评，再加上店内装修高级，环境优雅舒适，非常受当地人的好评和青睐。

■ 地址：大阪市福岛区福岛1－1－48 ■ 交通：搭乘JR环转线到福岛站出来，步行约7分钟左右；搭乘JR东西线大新福岛站出来，步行约5分钟左右 ■ 开放时间：11:30～17:00，17:00～22:00 ■ 电话：06-63443362

●东天红

这是大阪有名的主营广东菜的中华料理店，位于天满桥站旁，可以一览无遗大阪城的景色。餐厅内的座位数非常多，座位之间的空间宽敞，整个餐厅华丽又气派，在当地被誉为"首屈一指的中华料理的殿堂"。菜品种类齐全，菜色鲜艳，口味正宗，简直是五感上的享受！

■ 大阪市中央区大手前1－7－31 ■ 交通：乘坐京阪电铁本线、地铁古町线，天满桥站下车可到 ■ 开放时间：周一至周日11:30～21:00，最后点餐时间20:30 ■ 电话：06-69441015

● 玄品河豚

这是一家专业河豚鱼店，利用河豚鱼不同的部位做出食物，并伴有不同的吃法。这里通常有拌鱼皮、鱼肉刺身、天妇罗、纸火锅等，师傅手艺很好，鱼片切得很薄，入锅很快能撩起来吃了。火锅涮下来的汤可以做泡饭，把杂物捞起来，加上米饭和蛋后继续放在纸锅里熬，加上海苔丝调味，最后是以冰淇淋收尾。

■ 地址：大阪市中央区难波1-1-13　　■ 交通：乘坐地下铁御堂筋线，难波站下车，步行2分钟　　■ 开放时间：周一至周五午餐12:00～15:00，最后点餐时间14:30，晚餐16:00～24:00，最后点餐时间23:00，周六、周日、节假日12:00～24:00，最后点餐时间23:00　　■ 电话：06-62139444

● 鹤桥风月

这是一家创业60多年的老店铺，在这里能吃到非常地道的大阪烧，店里也有中文菜单不用担心沟通问题哦！这里的大阪烧外表酥脆，里头松软香嫩，咬下一口，各种食材的组合非常美味。服务员会在你面前制作，大约15～20分钟出炉，手艺各个都很娴熟。你可以给孩子点份冰饮，降降温。除了具有特色的大阪烧外，炒面也很推荐，会有夏季期间限定款哦。

■ 地址：大阪市北区角田町8-47　　■ 交通：乘坐阪急线，梅田站下车，步行3分钟；乘坐地下铁御堂筋线，梅田站下车，步行1分钟　　■ 开放时间：周一至周日11:00～23:00，最后点餐时间22:00　　■ 电话：06-63678002

● 金龙拉面

这家店的招牌很有意思，是一条全身翠绿的金龙，十分显眼好认。这里只供应两种拉面，600日元的和900日元的，付款是通过店铺前的自动付款机，全程自助。拉面汤底比较鲜美，猪骨汤里面加了干贝之类的调味海鲜，面条也有嚼劲，有自助免费小菜可以选择

■ 地址：大阪市中央区道顿堀1-1-18　　■ 交通：乘坐地下铁御堂筋线、千日前线，难波站14号出口，步行5分钟即到　　■ 开放时间：24小时营业　　■ 电话：06-62113999

大阪其他餐厅推荐			
餐厅	地址	交通	电话
551蓬莱	大阪市中央区难波3-6-3	乘坐地下铁御堂筋线，难波站11号山口，步行1分钟	06-66410551
大成阁	大阪市中央区东心斋桥1-18-12	心斋桥站下车，步行242米	06-62715238
北京老铺	大阪市中央区本町2-3-4	乘坐地下铁御堂筋线、地铁堺筋线，本町站下车，步行3分钟	06-62618869
鑫福火锅城	大阪市中央区岛之内2-17-19	在地铁日本桥站下，出来步行10分钟左右	06-62140658
鱼菜处光悦	大阪市中央区心斋桥筋1-5-19	地下铁御堂筋线或长堀鹤见绿地线"心斋桥"站6番出口，宇治香园旁边小巷直入	06-62445711

和孩子住哪里

　　大阪的住宿选择相当丰富，带孩子的游客可选择西式饭店，也可选择传统的日式旅馆，享受其舒适周到的服务。无论五星级酒店、普通宾馆或是旅舍床位，卫生环境普遍较好，而且很多都位于地铁沿线附近。市中心的心斋桥、道顿堀以及北部的交通枢纽梅田一带是购物休闲和享受美食的繁华地区，是大多游客住宿的首选。而日本环球影城、海游馆所在的大阪湾地区很受亲子游欢迎，还有以电影、动漫主题客房为卖点的酒店，不过住宿费用稍高。

● 南腾恩酒店

　　南腾恩酒店（Nanten-En）位于美丽的自然环境中，拥有一个大型日式花园和天然温泉浴场。空调客房拥有榻榻米地板和带日式被褥的床铺。客人可以尝试身着浴衣，在拥有障子纸屏和草编地板的温馨氛围中放松身心，并可欣赏到苍翠的景色。酒店在早餐和晚餐时段提供包含时令特色菜的多道菜餐点。

　■ 地址：158 Amami, Kawachinagano　　■ 网址：www.e-oyu.com　　■ 电话：072-1688081

● 第一堺酒店

　　第一堺酒店（Hotel Daiichi Sakai）是以都铎格林作为基调，极为雅致的酒店。这里备有意大利菜、中国菜、日本料理、铁板烧、法国菜等各种佳肴，你可以和孩子在酒店品尝各国美食。

　■ 地址：大阪府堺市堺区南向阳町2丁2-25　　■ 网址：www.hotel-sakai.com　　■ 电话：072-2228000

● 关空温泉花园王宫酒店

关空温泉花园王宫酒店（Kansai Airport Spa Hotel Garden Palace）内设有可24小时利用的总御影石构造大浴场。旅行前后投宿于此，可以在舒适空间里舒解身心。而且酒店提供从关西机场有免费巴士接送的服务。

■ 地址：1-3-51 Nakamachi　　■ 电话：072-4624026

大阪其他住宿推荐					
中文名称	英文名称	地址	网址	电话	费用
大阪大都会21酒店	Hotel Metro The21 Osaka	大阪市中央区宗右卫门町2-13	www.metro21.co.jp	06-62113555	约8625日元起
大阪南海瑞士酒店	Swissotel Nankai Osaka	大阪市中央区难波5-1-60	www.swissotel-osaka.co.jp	06-66461111	约16000日元起
大阪第一酒店	Osaka Daiichi Hotel	大阪市北区梅田1-9-20	www.osakadaiichi.co.jp	06-63414411	约8770日元起
波多米豪华酒店	Dormy Inn Premium Namba	大阪市中央区岛之内2丁目14-23	www.hotespa.net	06-62145489	约6260日元起
关西酒店	Hotel Kansai	大阪市北区9-15 t	www.hotel-kansai.co.jp	06-63127971	约4600日元起
大阪肥后桥50号家庭旅舍	Family Inn Fifty's Osaka	大阪府550-0002	www.fiftys.com	06-62252636	约5500日元起

给孩子买什么

大阪是日本关西地区的流行中心，各种商品极为丰富，购物设施齐全，流通发达。来到大阪，带孩子的游客也不要忘记给宝贝买两件礼物哦。下面就来看看该给宝贝买些什么吧。

孩子喜爱的小礼物

● 限量版动漫小挂饰

作为一个动漫之国，在日本旅行的时候，那些只有在当地才能买到的限量版动漫小挂饰是不能错过的购物之选。像海贼王里的主人公和Hello Kitty的公仔，都是最开始在大阪发行，且只有在大阪才能淘到的东西。所以，千万要在当地找找看自己孩子所喜欢的动漫人物的小挂件哦。

● 日系服饰

日系服饰清新典雅的风格深受欢迎，在大阪的购物中心，每一座百货大楼都有日系服饰出售，如果想把自己的孩子打扮得跟漫画中的小公主一样清新可爱，不妨给孩子挑一些日系服饰吧。

孩子的购物乐园

Pleasure Town Seacle离车站很近，两层高建筑集合80多家品牌店铺，主打家庭市场，这里的商品种类繁多，包括婴儿用品、童装、百元店、药房和各种平价餐饮。但对孩子来说在这里可以乘坐缆车，父母中的一人可以陪孩子坐缆车，另一人去购物。而且这里还有保龄球场和温泉设施，购物完毕后一家人可以去打打保龄球或者去泡温泉。

不可错过的购物地

大阪可以说是关西地区的购物中心，也是关西购物成本最低的地方。在大阪，无论是名牌潮店，还是购物中心、药妆店。只要你稍微走一走，就会发现适合购物的地方遍地都是。每一处都是在挑战你对于购物的控制力。无论是从潮流时尚，还是特价批量，大阪的购物场所都是非常吸引人的。

而大阪最知名的购物区，有难波和梅田商圈，天神桥筋区域也是日本最长的

商店街，有600多家店铺。只要你想要购物，只要你喜欢从大街小巷找到乐趣，那么大阪一定不会让你失望。

●心斋桥

心斋桥是关西地区最知名的购物商圈，距今有380多年的历史，长达600多米的弧形天棚商业街内有各类服饰、餐饮、珠宝等商铺，而著名的药妆连锁店"松本清"就在靠近戎桥的心斋桥筋入口左侧哦。戎桥边上有两块全日本最著名的百年霓虹招牌"格力高跑步者"和"雪印"，它们在这里见证了心斋桥一带的繁荣变迁，来此游玩，一定要记得和招牌留影，不然可不能算是来过大阪哟。

■ 地址：大阪市中央区心斋桥　　■ 交通：乘坐JR东海道新干线从东京车站到新大阪车站约2.5小时；乘坐地铁从新大阪车站到心斋桥车站约13分钟

●梅田Loft

梅田Loft是爱买电器和爱买家居用品的游客的天堂，从小物品到大型家用商品，货色齐全充实，是大阪当地人以及准备在大阪采购家用电器的游客必到之处。这里的5楼到7楼有各种各样的文具和日常生活用品，无论是给自己使用还是送给朋友做礼物都是很好的选择。

■ 地址：大阪市北区茶屋町16-7　　■ 营业时间：10:30～21:00　　■ 电话：06-63590111

●大阪鹤桥市场

大阪鹤桥市场由店铺总数约为800家的6个市场和商店街构成，作为"国际市场"吸引了全国各地的众多游人，以烤肉店为首的韩国食品店、民族服装、服饰的专卖店鳞次栉比。干货、日用品、水果等五花八门的专卖店云集。

■ 地址：大阪市生野区鹤桥1丁目、2丁目　　■ 交通：JR大阪环行线、近铁、地铁千日前线"鹤桥站"下车即到

●大丸心斋桥百货

　　大丸心斋桥百货的建筑比较欧式，其独特外观非常吸引人。里面数量惊人的店铺才真的会让你叹为观止，它分为本馆和南馆，在附近还有约20家路面店铺，在这里你不仅能够买到很多的世界名牌，而且也有很多价格实惠的日常生活用品，都很价廉物美，不要错过啦。

■ 地址：大阪市中央区心斋桥筋1-7-1　　■ 交通：地铁御堂筋线、长堀鹤见绿地线心斋桥站下，徒步大约2分钟即到　　■ 营业时间：10:00～20:30，因店而异

大阪其他购物地推荐			
店铺名称	简介	地址	营业时间
Rinku Premium Outlet	日本最大、人气品牌最多的欧特莱斯，在关西空港附近。网罗国际及日本品牌店，高中低档次具备，全是最有人气的品牌，款式极新，很多品牌甚至会有上月的新货	泉佐野市往来南3-28	10:00～20:00，2月第三个周四休息
奥特莱斯公园	位置最接近市中心，网罗超过60间品牌店，包括全大阪唯一的无印良品和Lowrys Farm Outlet	大阪鹤见区茨田大宫2-7-70	平日11:00～20:00；周六、日及假期10:00～20:00
大阪高岛屋	1楼的化妆品专区和3楼到5楼的服装专区，品牌齐全、款式流行前卫，格外受顾客的青睐	大阪市中央区难波5丁目1番5号	10:00～20:00
Tennojimio	这是家与女性流行时尚购物中心，1楼为流行服饰、日用商品，2～4楼为女性时尚，6～7楼有年轻休闲服饰，8～9楼为运动、户外休闲、书籍和文化教室，以及10～11楼的美食街	大阪市天王寺区悲田院町10-39	购物层11:00～21:00，餐馆层11:00～22:00
Hankyu Umeda Main Store	梅田阪急百货拥有全日本最大的化妆品贩卖区，是爱美人士扫货的首选，除了化妆品，这里的食品广场也提供了各式各样的甜品，种类繁多，也是吃货的最爱	大阪市北区角田町8-7	周日至周四10:00～20:00，周五、周六10:00～21:00

在大阪的出行

大阪市内的公共交通种类很多，但对带孩子的游客来说，以乘坐地铁和电车最为方便。父母带孩子乘坐贯穿大阪城市南北通向的御堂筋线，可以到达诸如新大阪、梅田、心斋桥、难波、天王寺这样的大站。此外，东西走向的中央线则延伸到了大阪港和宇宙广场。有趣的是，和东京的JR山手线类似，大阪也有自己的环线铁路——JR大阪环状线，覆盖了城内的旅游景点。

大阪的交通优惠票

大阪拥有一系列针对旅行者的优惠套票，不仅提供折扣力度相当大的交通优惠，还提供很多附属优惠措施，比如门票打折、购物打折等。带孩子的游客可以根据自身的实际情况，选择相应的套票。

大阪的优惠套票		
车票类型	介绍	票价
大阪市内一天通用车票	用这种卡一天之内可以自由乘坐地铁、新电车和公共汽车。通常，出示乘车当日的一天通用车票还可以享受大阪城等观光设施的打折优惠	成人800日元（双休日、节假日600日元）、儿童300日元
彩虹卡	彩虹卡是大阪市发行的预付款乘车卡(就是充值卡)，搭乘地铁、新电车、市营巴士都可使用，还可以直接乘坐Surutto Kansai网络覆盖区域内的公共交通	成人卡面值有500、1000、2000、3000日元，儿童有500和1000日元
关西通行证	JR关西地区卡（JR Kansai Area Pass）可以从关西机场无限制地乘坐JR电车前往大阪、京都、神户、奈良、姬路等近处城市	关西地区卡，一日券2060日元，二日券4110日元，三日券5140日元，四日券6170日元
	关西广域卡（Kansai WIDE Area Pass）包含JR关西地区卡功能，且可乘坐关西机场特快樱花号的普通车自由席，还可无限制乘坐区间内的所有JR普通、快速、新快速电车，可乘坐新大阪至冈山的新干线，但只能乘坐普通车自由席	关西广域卡四日券7200日元
	山阳地区卡（Sanyo Area Pass）可无限次乘坐JR，从关西机场前往大阪、京都、奈良、冈山、广岛、博多（福冈）等山阳地区	山阳地区卡四日券20570日元，八日券30860日元
日本铁路周游券	使用此通票可以乘坐除部分新干线之外的日本区域所有JR电车，但是单天单价是最贵的，除非是7天内要搭乘长途火车旅行，否则别轻易尝试	普通7天型通票29110日元，儿童14550日元

潮爸辣妈提示

1.日本铁路周游券的使用资格为持有日本旅游、短期商务等"短期滞在"资格签证的非日本国籍者，且不可在日本国内购买，需要在国内指定的购票点购买，到日本进行兑换。中国在北京、上海、天津、广州、大连及香港均设有购票点，详细信息可查询www.japanrailpass.net。

2.游客如果想要预订JR-West Rail Pass，可在以下销售店购买"JR-WEST RAIL PASS"的MCO（兑换票券），入境日本后，可在JR西日本车站将票券兑换为正式PASS，详情可登录www.westjr.co.jp查询。

公交车

大阪市内有很广阔的市内公交网，几乎覆盖了城市的各个角落，乘坐十分方便。大阪公交车的车正面都有醒目的"大阪市营公交车"字样，并且还标有行车方向和编号，方便乘客确认。大阪的公交车均为后门上车，前门下车，下车时投币交费。不过公交车站内没有英文标示，线路比较复杂，不懂日语的游客更要看仔细。旅客最好预先在旅馆服务台弄清楚要搭乘的公交车线路后再出发，也可在火车站的旅客服务中心取得日文版的公交车路线图。

当旅客乘车时，随即领取公交车整理券，代表上车地点的号码，在标示板上可知道必须付的车费，全线通用成人200日元，儿童票100日元。区营公交车（红色）全线通票100日元，儿童票50日元。公交车的营业结束时间较早，根据线路的不同一般为21:00或22:00。网址为www.kotsu.city.osaka.lg.jp。

地铁

地铁是大阪市内最方便的交通工具。大阪市内目前共有8条地铁线路行驶。在大阪市内活动首先要记住梅田和难波这两个主要终点车站。出入月台时从购票至收票都是自动化服务，电车及地下铁都有自动售票机。所有JR车站及地下铁路车站都有汉字及英文拼音的站名提示。

出租车

大阪的出租车多为丰田和皇冠，车内亮起红灯时表示空车，乘客由左后门上车。在地铁车站或饭店等处都有指定的出租车乘车站，在街上行驶的空车，只要招手便会停车。乘客只要依照计程表付钱，不用付小费。

出租起步价为640日元（2千米内），之后每千米80日元。在23:00至次日5:00加收30%费用，电话叫车的也会额外收取费用，所以对于预算有限的旅行者来说，还是推荐公共交通设施。

JR西日本铁路

JR西日本铁路在大阪地区的普通列车线网络相当密集，是游客最经常用到的线路。最主要的路线是大阪环状线，有连接神户的神户线和连接京都的京都线。在大阪市内，JR环形线途经大阪阪城公园和许多的历史古迹景点，还可以换乘达日本环球影城所在的西九条站，十分方便。JR线路的票价根据所行距离有所不同，通常为140日元起，高峰时间3分钟一班，环绕大阪一周约40分钟。

浪漫之旅

JR铁路的火车，能带给人非常多的惊喜，甚至有旅友专为体验各种特色的火车。而前往日本旅行在时间允许的情况下，建议父母可以带孩子多尝试日本的JR火车。其中的旭山动物园号，不仅有长颈鹿，还有企鹅、大象等，车内的座椅无一例外有可爱的动物图案，每节车厢还有四个专门的萌动物座椅，供游客们拍照留念。乘务员也会发放纪念车票，这些都非常值得体验。那就和父母一起来看一看这些特色的JR列车吧。

● 别有洞天的面包超人列车

从冈山市开出的"面包超人"列车，终点站就在同名漫画作者柳濑嵩的故乡——四国高知县中村市。面包超人号列车里面，车座都是喷涂了彩漆的，有些车厢还是大型游乐室，设施柔软有趣，适合携带儿童的旅友体验，孩子们在这里玩得不亦乐乎。而面包超人相关的食物、小物件，也都会给孩子带来最大程度的满足。

面包超人号列车包括小病毒号、吐司超人号、南风号等至少6种以上，游客乘坐面包超人号列车可以免费索取面包超人盖章小册子，沿线共有27个纪念章可盖。但是父母要留意，只有"南风Anpanman"特急列车（番号分别为3、23、6、24）有面包超人图案，其他"面包超人"列车则只有奶油妹妹、果酱爷爷等"咖喱菲"的图案。更要购买特急票的头等指定席，才可进入只有16个座位的Green Car，其他的是没有漫画装饰的普通车厢。

面包超人儿童乐园

面包超人号列车，在普通特急列车中间加挂了一节儿童游乐车厢，这里是一个别有洞天的面包超人儿童乐园。游乐场的布置及玩具全部采用橡胶材料，十分注重小朋友的安全呢。而且还设有育婴室，非常体贴周到。在这里，父母可以和小朋友一起玩游戏，十分愉快。

● "卡哇伊"的旭山动物园号

日本JR铁路的旭山动物园号是一列运行于札幌和旭山之间的特快列车，每年仅在特定期间运行，整部列车以卡通动物为主题，不仅包括外部涂装，也包括内部座椅装饰。车内装饰以卡通动物为主，不但有俏皮可爱的动物小挂件，而且会发放一些动物纪念章，十分有趣，在最后一节车厢里还贴心地设置了儿童游乐场地和母亲哺乳区。这辆完全以动物为主题的列车，让人从踏上旅程的那一刻，就开始变得萌起来。官方网站：www.jrhokkaido.co.jpl。

多姿多彩的车厢

旭山动物园号共有5号车，1号车以非洲的热带大草原为主题，描绘了晴空万里的草原上，长颈鹿、大象、斑马们成群结队食草的景象，非常震撼。2号车设计鲜艳，以东南亚的热带丛林为主题，描绘了葱郁的热带树木和老虎、长臂猿、鳄鱼等动物。3号车是北海道大地号，描绘了日本棕熊、啄木鸟、猫头鹰等动物。4号车是群鸟天空号，描绘了火烈鸟、海雀等。5号车是极寒银白世界号，描绘了北极熊、海豹、企鹅等生活在北极圈的动物。小朋友们和动物一起旅行，是多么美好的事情啊，你喜欢乘坐哪号车厢呢？

可爱的动物抱抱椅

在旭山动物园号中，动物玩偶直接变身成为座椅，据说坐上去就会有被拥抱的感觉，因此取了个这么可爱的名字。在第1号车厢中是斑马母子和长颈鹿母子，第2号车厢中是红毛猩猩母子，3号车厢中是日本棕熊母子，4号车厢中是颜色艳丽的火烈鸟母子，而5号车厢中是可爱的企鹅母子。小朋友们赶快躺在玩偶的怀抱中和它们一起合影吧。

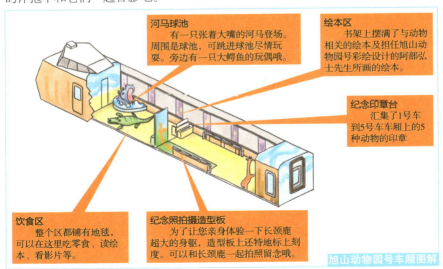

河马球池　有一只张着大嘴的河马登场。周围是球池，可跳进球池尽情玩耍。旁边有一只大鳄鱼的玩偶哦。

绘本区　书架上摆满了与动物相关的绘本及担任旭山动物园号彩绘设计的阿部弘士先生所画的绘本。

纪念印章台　汇集了1号车到5号车车厢上的5种动物的印章

饮食区　整个区都铺有地毯，可以在这里吃零食、读绘本、看影片等。

纪念照拍摄造型板　为了让您亲身体验一下长颈鹿超大的身躯，造型板上还特地标上刻度。可以和长颈鹿一起拍照留念哦。

旭山动物园号车厢图解

动物座椅

座椅都套着绘有动物脸并带着耳朵的椅套。北极熊、狮子、河马、松鼠、小熊猫，共5种动物在车厢内恭候您的到来。你的座椅会是哪种动物呢？

洗手台上的"神奇魔镜"

洗手台的镜子上贴有动物的大头贴。大家把自己的脸对在动物的脸上就可以变身成动物哦！

美丽的动物人偶姐姐

动物人偶姐姐有小熊猫、北极熊和企鹅3种造型！她们都期望着能在车厢里遇见你们哦。

● 富良野美瑛慢车号

富良野美瑛慢车号（FuranoBieiNorokko Train）是夏日限定的列车，可以边眺望着薰衣草旺盛生长的富良野、美瑛山丘和连绵大雪山，边奔驰行走的慢行列车，有"薰衣草列车"的美誉。乘客可以在没有玻璃窗的开放式车厢内尽情观赏辽阔的农田景象，美丽的田野风光一定会让你沉醉不已。

富良野美瑛慢车号一般从JR美瑛站开启，不过它的头一站会从旭川站出发。美英号的终点站则是JR富良野站，在站前你会看到一个造型滑稽的大头公仔，其实这张白色的大脸竟然是它的大肚子，是不是很惊讶？

■ 运行时间：来往于美瑛与富良野，6~8月每天运行，于9月的周末和节日两地各开3次车 ■ 票价：620日元，持JRPass可免费

● 寝台特急-北斗星号

寝台特急北斗星号将北海道和本州将连，在青函隧道开通时诞生，将北海道札幌和东京上野之间的1200十米连接，途经函馆、仙台、南千岁等站，全程约需16小时。搭乘北斗星号寝台列车除了在列车上睡觉，还有华丽餐车、迷人夜景、法国料理等，在欧式风格装潢的餐车上配上红地毯和窗帘，在这典雅的氛围中可以享受到精致的晚餐哦。赶快和孩子一起进入优雅时间流淌的梦幻空间吧。

车内介绍

一层室、二层室皆设有并列式床铺，偶数房间号码在二层，奇数房间号码在一层。

Royal代表北斗星号的这个房间，配备有录像、音响、淋浴房间、洗手台和洗手间等设施，同时提供免费饮料、早间咖啡、新闻早报以及使用对讲机使用餐车送餐服务。

Lobby大厅车厢配备有电视、淋浴房间、自动贩卖机、插卡式电话。使用淋浴房间时，请前往餐车购买淋浴卡，费用为320日元。

北斗七星

堪称"奔跑食堂"的餐车北斗七星。温暖照明以及贴心细致服务，为你打造精致的晚餐时间。晚餐结束后到晚间23:00为酒吧时间，无须预约即可参加。

注意事项

1.在JR北海道、东日本、西日本、九州的售票口(Midorino-madoguchi)、旅行中心或主要旅行社购买寝台券，或出示已购买的寝台券，即可同时预约餐券。北斗七星(Grand Chariot)餐车座位有限，建议尽早提前购买。

2.法国料理套餐和北斗星怀石御膳数量有限，故请尽早购买预约餐券。用餐预约券在使用当日前一个月至3天前的每日23:00点前销售。

大阪省钱大比拼

对孩子优惠的景点			
景点名称	孩子玩点	优惠信息	地址
心斋桥	享受美食	免费	大阪市中央区心斋桥
大阪城	赏樱、赏梅等	免费	大阪市中央区大阪城1–1
美国村	享受美食，闲逛	免费	大阪市中央区西心斋桥地区
大阪历史博物馆	体验和服	成人600日元，大学生、高中生400日元，初中生以下免费	大阪市中央区大手前4–1–32
梅田蓝天大厦	俯瞰大阪市貌	免费	大阪市北区大淀中1–1–88
新世界	品尝小吃	免费	大阪市浪速区惠美须东
天王寺公园	观看景点	成人150日元，中小学生80日元	大阪市天王寺区茶臼山町1–108
上方浮世绘馆	观看展品	成人500日元，初中生、小学生300日元	大阪市中央区难波1–6–4
造币博物馆	了解世界货币	免费	大阪市北区天满1–1–79
大阪巨蛋	观看比赛	免费	大阪市西区千代崎3–中2–1
大阪生活今昔馆	和服体验	高中生、大学生300日元，初中生以下免费	大阪市北区天神桥6–4–20
国立国际美术馆	观看美术作品	成人430日元，大学生130日元，特别展览收费各异	大阪市北区中之岛4–2–55
花博纪念公园鹤见绿地	骑马、观看昆虫等	免费	大阪市鹤见区绿地公园2–163
中之岛公园	观看玫瑰园	免费	大阪市北区中之岛1丁目
大阪南港野鸟园	观看鸟类	免费	大阪市住之江区南港北3–5–30
光之教堂	看神奇光影	免费	大阪府茨木市北春日丘4–3–50
西之丸庭园	赏樱	成人200日元（赏樱夜场350日元），初中生以下免费	大阪市中央区大阪城2
大阪国立民族学博物馆	观看展品	成人420日元，高中生和大学生250日元，初中生和小学生110日元	大阪吹田市万国博览会纪念公园内
岸和田彩车会馆	观看彩车的制作和雕刻	成人600日元，小学初中生300日元	大阪府岸和田市本町11–23

最好的学习在路上

★ 带孩子游日本 ★

PART5

带孩子游名古屋

161 ▶ 179

深厚的文化历史和摩登的高楼大厦在名古屋这座城市里完美地交汇融合，市内到处可见整洁的林荫大道、富有朝气的人群，因而享有"白色之街"的美誉。你可以带孩子去名古屋港水族馆观看海豚表演，去东山动物园观赏猴子、长颈鹿、老虎、大象等动物，还可乘坐过山车，在棒球赛季中去名古屋圆顶球场观赏激动人心的比赛，来到名古屋一定让你们流连忘返。

带孩子怎么去

优选直达航班

目前乘坐飞机从中国能直达日本名古屋的城市主要是北京和上海，带孩子的游客可以参考下面的信息，选择航班。表格中的出发时间是以北京时间为准，到达时间是日本当地时间。现在我国中国国际航空和东方航空都有直飞名古屋的航班，飞行时间4小时左右。

中国到名古屋的直飞航班资讯						
承运公司	航班号	班次	路线	出发时间	到达时间	实际北京时间
中国国际航空公司	CA159	每天均有	北京→名古屋	17:00	21:00	20:00
	CA405	每天均有	上海（浦东机场）→名古屋	17:10	20:30	19:30
	MU743	每天均有	北京→名古屋	14:45	20:50	19:50
	MU529	每天均有	上海（浦东机场）→名古屋	9:30	12:35	11:35
中国东方航空	MU719	每天均有	上海（浦东机场）→名古屋	12:00	15:05	14:05
	MU2691	每天均有	上海（浦东机场）→名古屋	17:15	20:35	19:35
	MU291	每天均有	上海（浦东机场）→名古屋	18:15	21:10	20:10

从机场到名古屋

名古屋境内有中部国际机场，此机场已经基本取代之前的名古屋机场，而名古屋机场只作为爱知县运营的国内小型航班专用机场。

●从中部国际机场出发

中部国际机场简称中部机场，位于名古屋市南部常滑市伊势湾内的一座人工岛屿上，是日本中部地区的主要对外机场。从该机场前往名古屋市区可乘坐机场大巴、出租车、地铁等交通工具。

中部国际机场至名古屋市的交通

交通方式	英文	介绍	时间及票价
机场大巴	Airporter	常滑线：从中部国际机场出发到知多半田站，首班车5:41，末班车20:13	每30分钟一趟，票价750日元
		冈崎空港线：从中部国际机场出发到冈崎站，首班车5:20，末班车14:45第一班和第二班间隔35分钟，第二班和第三班间隔45分，之后每班间隔2小时	1700日元
出租车	Taxi	名古屋国际机场内有多家出租车公司，也包括合乘出租车，在1号航站楼搭乘出租车	约4200日元，时间在50分钟左右
电车	Tram	从机场至名古屋可以利用名古屋铁道，从名古屋站到中部国际机场站有新干线、JR、近铁线、名古屋地铁（名城线、名港线）连接，中间不用换乘	全程约28~33分钟，费用850~1200日元

亲子行程百搭

市内百搭

复古路线

地铁名城线市役所站2号出口，向东步行8分钟

❶ 名古屋城市档案馆 1小时
Nagoya City Archives

⌄ 向东步行约12分钟，再向北步行约3分钟

❷ 名古屋城 2小时
Nagoya Castle

⌄ 向南方向行驶，沿県道215号线行驶，约8分钟可到

❸ Shikemichi老街区 1小时
Shikemichi

⌄ 向西北方向前行约65米，横穿道路约150米，向右转步行约200米，约20分钟可到

❹ Noritake花园 2小时
Noritake Garden

历史路线

乘坐地铁Higashiyama Line在伏见站下车，向南步行约10分钟可到

❶ 电力科学馆 1小时
The Power of Science Museum

⌄ 向南前行约500米，6分钟左右可到

❷ 名古屋市科学馆 2小时
Nagoya Science Museum

⌄ 向东步行约180米，3分钟可到

❸ 名古屋城市艺术博物馆 1小时
Nagoya City Art Museum

⌄ 向东南前行150米，走人行横道约100米，朝向右转，走110米人行横道，向左转横穿道路60米，向右转，约10分钟可到

❹ 大须观音寺 2小时
Osu Kannon Temple

文艺路线

乘坐JR中央线到"大曾根"站下车，从南出口出，步行约10分钟可到

❶ 德川美术馆 1小时
Tokugawa Art Museum

⌄ 向西南方向步行约1千米，15分钟可到

❷ 货币博物馆 1小时
Bank of Tokyo-Mitsubi

⌄ 乘坐Meitetsu Seto Line，在荣町站下车，约20分钟可到

❸ 名古屋电视塔 2小时
Nagoya TV Tower

⌄ 乘坐Sakura-dori line在Nagoya Station站下，约10分钟可到

❹ JR中央塔 1小时
JR Central Tower

名古屋市内百搭路线示意图

周边百搭

户田川绿地
Toda Sichuan Green ❶

白鸟花园
Shirotori Park ❶

中川区

小碓绿道

瑞穂区

新茶屋公园
Tea House Park ❷

长岛运动公园

名古屋港水族馆
Port of Nagoya
Public Aquarium ❷

名古屋市立
绿市民病院

绿区

日光川公园
Sun Chuan Park ❸

九华公园

弥富市

新宝绿地
运动公园

桑名警察署

伊势湾岸自动车道

富浜绿地

跨海大桥
Meiko Triton ❸

东海市

大府市

伊势湾岸自动车道

あいち健康の
森公園

名古屋港

名古屋周边百搭路线示意图

165

亮点

1. 名古屋港水族馆：观看海豚表演
2. 鹤舞公园：融入自然的怀抱
3. 长岛度假村：欢乐无限的世界
4. 东山动植物园：观看各种动物
5. Noritake花园：参加陶瓷制作
6. 桃太郎公园：了解桃太郎的诞生地

名古屋港水族馆

名古屋港水族馆（Port of Nagoya Public Aquarium）是名古屋最著名的景点之一。在这里你可以和孩子一起沿着南极观测船"富士号"的南极路线，欣赏日本海、深海、赤道海域以及澳大利亚周边的海域为主的生物，还能观看到鲸

适合孩子年龄：5～13岁
游玩重点：观看海豚表演、海底风暴等

鱼、海豚等珍稀动物，并且还有原始生物的进化过程以及神秘的极光。里面最让人震撼的是海底风暴，是有几万条沙丁鱼组成的龙卷风。而最让人惊喜的是，水族馆还有定期的海豚表演，你可以和孩子一起观看训练有素的海豚宝宝的表演，一定让你们大饱眼福，开怀一笑。

亲子旅行资讯

- 名古屋市港区港町1-3
- 地铁东山线荣站换乘名城线，往金山方向至名古屋港下车；名铁·JR金山站下车，换乘地铁名港线，往名古屋港方向至终点站下
- www.nagoyaaqua.jp
- 成人、高中生2000日元，小学生、初中生1000日元，四岁以上幼儿500日元
- 通常为9:30～17:30
- 052-6547080

长岛度假村

适合孩子年龄： 5～14岁
游玩重点： 乘坐过山车、泡温泉、赏花

长岛度假村（Nagashima Resort）是名古屋市郊外的一个主要的度假胜地，主要有长岛Spaland游乐园、名花之里、汤浴之岛等。在这个欢乐无限的世界里，有各式的游乐设施供你挑战。你可以乘坐钢铁巨龙过山车体验史上最强的云霄飞车，乘坐巨无霸海盗船体验在浩瀚海洋中航线，还可乘坐全球最大的木制过山车给你带来超乎想象的震撼。除了带孩子来这里游玩之外，还能欣赏各种时令鲜花，或者到融入黑部峡谷和奥入濑溪流的景致中去泡温泉。

亲子旅行资讯

- ✉ 三重县桑名市长岛町浦安333
- 🚌 从名古屋车站旁的名铁巴士中心，乘坐开往长岛温泉的巴士，Nabanano里下车
- 💴 通常淡季为9:30～17:00，旺季9:30~19:30
- ☎ 059-445111

东山动植物园

东山动植物园（Higashiyama Zoo & Botanical Garden）历史悠久，园区内不仅有植物园、动物园，还有游乐园、东山天塔等各种游乐设施。在这里你可以看到来自世界各地的7000多种植物，在这姹紫嫣红、香气浓郁的植物园内连心情都变得美丽和欢快起来。游完植物园可以带孩子去动物园内观看各种小动物，其中呆萌可爱的考拉最受欢迎，一定要去看看哦！

适合孩子年龄： 6～12岁
游玩重点： 参观植物园、动物园等

亲子旅行资讯

- ✉ 名古屋市千种区东山元町1
- 🚌 乘坐地铁东山线东山公园站下车，从3号出口步行3分钟
- 🌐 www.higashiyama.city.nagoya.jp
- 💴 500日元
- 🕐 9:00～16:50（16:30停止售票），每周一及12月29日至次年1月1日休园
- ☎ 052-7822111

名古屋科学博物馆

名古屋科学博物馆（Nagoya Science Museum）坐落于白川公园内，是一座能边探索科技、宇宙、生物科学的乐趣，边学习的综合性科学博物馆。馆内有日本屈指可数的大型天象仪，在这里你可以和孩子一起探索太空，见识到科技最新的成就，了解到生物的进化与发展。这个科学与知识的殿堂，非常适合孩子参观和游览。

适合孩子年龄：9～13岁
游玩重点：参观各种科学馆

亲子旅行资讯

- ✉ 名古屋市中区荣2-17-1
- 🚌 地铁东山线或鹤舞线伏见站下
- 🌐 www.ncsm.city.nagoya.jp
- 💴 成人800日元，高中生、大学生500日元，初中生以下免费
- 🕐 9:30～17:00
- ☎ 052-2014486

桃太郎公园

适合孩子年龄：5～10岁
游玩重点：参观宝物馆、观看雕塑等

桃太郎公园（Momotaro Park）位于犬山，是日本著名的民间传说人物桃太郎诞生的地方。桃太郎乐园内有很多彩色的水泥雕像，将传说中的故事情节生动地展现了出来，还有神社的大鸟居造型也十分别致有趣。最值得参观的便是宝物馆了，可以看到不少让人惊艳的物品，比如桃太郎出生的大桃子化石，鬼怪照片，鬼怪的角、兵器还有它们搜刮的各种珍宝等，都是非常另类的展品，你可以带孩子前往参观。

亲子旅行资讯

- ✉ 爱知县犬山市栗栖字古屋敷
- 🚌 搭乘名古屋铁道到犬山游园站，步行30分钟，沿途有各种方向提示
- 🌐 www.yha.gr.jp
- 💴 入园免费，宝物馆200日元
- 🕐 入园自由，宝物馆9:00～17:00
- ☎ 056-8611800

潮爸辣妈提示

秋季的时候来到桃太郎公园，你可以看到燃烧如火一般的红叶，在蓝天的映衬下更加美丽。

名古屋其他景点推荐

中文名称	英文名称	地址	网址
名古屋城	Nagoya Castle	名古屋市中区本丸1-1	www.nagoyajo.city.nagoya.jp/14_kantai/index.html
名古屋电视塔	Nagoya TV Tower	名古屋市中区锦3丁目6-15先	www.nagoya-tv-tower.co.jp/
跨海大桥	Meiko Triton	名古屋港名港	—
名古屋城市档案馆	Nagoya City Archives	名古屋市东区白壁1-3	www.city.nagoya.jp
德川美术馆	Tokugawa Art Museum	名古屋市东区德川町1017	www.tokugawa-art-museum.jp/
JR中央塔	JR Central Towers	名古屋市中村区名駅1-1-4	www.towers.jp
名古屋城市艺术博物馆	Nagoya City Art Museum	名古屋市中区荣2-17-25	www.art-museum.city.nagoya.jp/index.shtml
电力博物馆	Nagoya City Art Museum	名古屋市中区荣2-2-5	www.chuden.co.jp/e-museum/
货币博物馆	Bank of Tokyo Mitsubi	名古屋市东区赤塚町25	www.bk.mufg.jp
名古屋城市博物馆	Nagoya City Museum	名古屋市瑞穗区瑞穗通1-27-1	www.mms-net.com

跟孩子吃什么

在名古屋，可以带孩子去吃米粉糕，它是用开水将米粉溶化，加糖后用蒸笼蒸制而成的，口感丰实，味道微甜；也可以带孩子去吃咖喱味切面，这种面在注重食材的均衡搭配的基础上，保留了当地的原创味道，在冷冷的冬天吃更能够感到周身温暖；或者带孩子去吃非常有特色的鳗鱼饭。

名古屋的特色美食

名古屋的饮食除了保留有日本传统的生鱼片、寿司，还打造自己特有的美味。如名古屋人打制出来的平面（Kishimen）和用Miso作为调料的糊面，平面佐以特别的酱汁炖煮，味道浓郁，糊面用味噌作为调料，都是不可多得的美食。还有特色小吃Temmusu和Uiro，而天妇罗饭团是名古屋的独创，深受食客们的喜

爱，小巧的紫菜饭团中央露出天妇罗炸得焦黄的"脑袋"，既可爱又诱人。鸡肉刺身是名古屋的特色，做鸡肉刺身的鸡是日本本地饲养的褐色羽毛的鸡，肉质地爽滑没有异味。

● 干炸鸡翅膀

干炸鸡翅膀吃起来会有外焦里嫩的口感，适当加入调味料好吃得让人回味，用手抓着吃更加豪爽松脆。这是名古屋的著名小吃。

● 咖喱味切面

将咖喱酱与汤汁融为一体，非常浓厚。切面的面，是以筋道粗面条为主。炸豆腐片儿和葱花、鱼糕、猪肉等的配料成为好的小菜。黏稠的咖喱酱能不让热气跑掉，吃到最后面依旧是热气腾腾的。

● 米粉糕

这是一种透明的糕点。做法是先用开水将米粉溶化，然后再加糖后用蒸笼蒸制而成的。口感丰实，味道微甜，入口即化，是茶会上不可缺少的点心。

孩子最喜欢的餐厅

名古屋无论是在餐厅的风格还是在食物的细节方面都可以看得出名古屋人对于食物的热爱，无论是传统的寿司、生鱼片、拉面还是独具名古屋特色的平面、鳗鱼饭等都让人垂涎欲滴。名古屋的餐厅无论环境、风格如何，料理都做得非常精致，处处挑逗人们的味蕾。带孩子的游客，赶快和孩子一起去餐厅品尝鸡肉刺身、鳗鱼饭等当地美味吧。

●中华药膳火锅

这是一家深受好评的药膳火锅料理专门店，选用3种不同的药膳汤底，均是通过植物、药材等提取的精华制作而成，有消除疲劳、燃烧脂肪和美容等效果，味道也很有特色。还有类似菠萝饭的香格里拉炒饭，都非常值得一试。

■ 地址：名古屋市千种区仲田2-12-4　■ 交通：乘地铁东山线到池下站下车，步行约10分钟，高见街园附近　■ 开放时间：周二至周五11:30～14:00，17:00～24:00，周末只有晚上营业(17:00～24:00)，每周一休息　■ 电话：050-58688899

●鸟银本店

在名古屋，鸟银本店好像已经成为名古屋交趾鸡的代名词。鸟银本店是专门经营名古屋交趾鸡的料理店。该店所使用的都是当日清晨出货的最高级名古屋交趾鸡。以鸡肉刺身和烤鸡肉串出名。

■ 地址：名古屋市中区锦3-14-22宫木大厦一楼　■ 交通：乘坐地铁N号线在联合广场站下车　■ 开放时间：17:00～24:00　■ 电话：052-9733000

●喜多八

老字号的寿司店"喜多八"已经有数十年的历史，使用让客人安心食用的精选原材料，并标示了价格。采用只有名古屋才有的Cochin鸡，让你品尝放入了Cochin鸡寿司和八丁味噌风味Cochin鸡锅等。健康的芦荟寿司、豆腐渣寿司和独特制法的青花鱼的松前寿司也是该店的招牌。

■ 地址：名古屋市中区锦3-22-10
■ 开放时间：17:00至次日1:00
■ 电话：052-9711335

和孩子住哪里

名古屋的住宿类型多以星级酒店和经济旅馆为主，其中二、三星的酒店居多，主要集中在名古屋车站和荣町组成的市中心区域。适合带孩子旅游时居住的住宿类型主要有带家庭房的酒店和公寓型酒店等。

● 名古屋希尔顿酒店

名古屋希尔顿酒店（Hilton Nagoya Hotel）地处伏见市市中心，距伏见地铁站仅需3分钟。酒店交通便捷，与娱乐中心、商业中心近在咫尺。酒店住客可在JR名古屋站乘坐免费穿梭巴士直接至希尔顿酒店。

■ 地址：名古屋爱知县3-3　■ 网址：www.hiltonnagoya.com　■ 电话：052-2121111

● 东京名古屋酒店

东京名古屋酒店（Nagoya Tokyu Hotel）设有带室内游泳池、桑拿浴室的健身中心和3个餐饮场所，宽敞的客房设有欧式家具、平面卫星电视和迷你吧。酒店内的Loire餐厅供应法式菜肴，而Nadaman餐厅则提供日本料理、江户式寿司等美食，并且还提供中式和国际美食。

■ 地址：4-6-8 Sakae, Naka Ward, Nagoya, Aichi Prefecture　■ 网址：www.nagoya-h.tokyuhotels.co.jp　■ 电话：052-2512411

● 名古屋伏见桑科旅馆

名古屋伏见桑科旅馆（Sanco Inn Nagoya Fushimi）提供免费的室内有线网络连接和包含日本及西方美食的免费早餐。每间客房还配有日式浴衣、冰箱和茶艺员。私人浴室配有浴缸、淋浴和免费洗浴用品。客人还可以在24小时前台借用毛毯、熨裤机、熨烫设备和手机充电器等物品。

■ 地址：1 Chome-7-7 Sakae, Naka Ward, Nagoya　■ 网址：www.sanco-inn.jp　■ 电话：052-2203517

给孩子买什么

在名古屋，你可以买到日本新一代的ASICS跑鞋，鞋底能够减小压力，脚底的气孔还有通气的功能。设计成外套样式的消防服也让游客们爱不释手。另外，给孩子买些什么呢？对于小女孩来说，肯定对日本的和服深深着迷，你不妨为她挑选一件美丽的和服。名古屋的陶器享誉日本，历史悠久，至今已形成了从日用杂品到艺术极品等多层次的风格。送孩子一件精巧的陶制品也是不错的选择哦。

孩子的购物乐园

名古屋中部机场和大多数机场不同，这里是机场也是个特别的旅游休闲场所。名古屋中部机场的吉祥物是一个长长圆圆的胖绅士公仔，进入机场就可以在各种地方发现他的身影呢。整个SHOPPING MALL被清楚地划分为2个区域，左边购物区和右边饮食区。

PARTS 带孩子游名古屋

●MINIPLA

在日本很多机场都有，不仅有日本女生们喜爱的药妆用品，更新速度也是极其迅速。还有世界各地的人气小食品，更有大小朋友们都爱的可爱公仔，时时翻新哦！

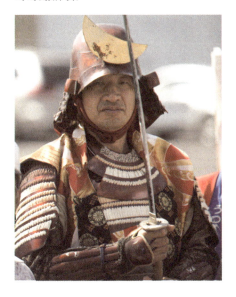

●中部武将馆

这里以日本特有的"战国""侍"文化为主题，展示了很多珍贵稀少的甲胄和武器。同时，还可以买到中部国际机场限定的各种武将纪念品，免费阅览与武将相关的各种资料和中部武将馆特有的大头贴等多样的服务。无论男女老幼有可以在此，寻找到快乐，深入了解日本的武将文化。

●吉田商店

这家日本本土风格的杂品店，十分受大家欢迎，保留了日本很久以前的小食品小玩具，大人甚至老人们在这里可以念旧一把，怀念一下自己的小时候，小朋友更是欢喜得不得了！每样小食品杂物价格都很便宜。店内还有小时候玩的弹弓、万花筒、玻璃弹子等。赶快和孩子一起来这里挑选自己喜爱的小玩意吧。

不可错过的购物地

名古屋的名铁、大须、荣町等地都是有名的商业中心区，无论是动漫手办、潮流服饰、电器音响，只要你想得到，这里都可以满足你的购物要求。其中大须的大津通更是被当作是名古屋的"秋叶原"。可以说，名古屋以其特有的地理优势，巧妙地将东京的奢华和大阪的实用相融合，并用它灵敏的时尚触觉，汇集了多家顶级的百货商场以及人气商品的店铺。

● 名铁百货店本店

名铁百货店本店（Meitetsu Department Store）主要贩卖各种流行的服饰，里面还有卖很漂亮的和服的。馆内身长610厘米的ななちゃん是这里人气很高的人偶模特，随着季节的更替和各种活动的举办，她身上的衣物也会随着发生改变，因为经常性地换装也常常被媒体关注和报道。

■ 地址：名古屋市中村区名駅1-2-1　■ 交通：乘JR、名铁至名古屋站可到　■ 营业时间：10:00~22:00，1月1日休息

● 美兰广场

美兰广场（Midland Square）位于名古屋的大门—名站前，是名古屋乃至日本中部地区的一座新的标志性建筑。商业大厦中拥有LV、Loewe等多家世界顶级名牌的直营店，还有高级饮食店（以寿司、天妇罗等为代表的高级和食，豪华的意大利料理以及世界各地的美食），以设施齐全电影院和室外型展示广场"Sky Promenade空中长廊"等复合设施坐落其中，是到名古屋不可不逛的综合性购物休闲广场。

■ 地址：名古屋市中村区名駅4-7-1　■ 营业时间：商店11:00~20:00，餐厅11:00~23:00　■ 电话：052-5278877

● JR名古屋高岛屋

JR名古屋高岛屋是坐落在JR双子星大厦中的一座地下2层到地上11层的日本著名百货商店。这里从最新的最新的品牌时装，尊贵典雅的高级手表，豪华宝石首饰到传统的"和果子"老铺等西式糕点和各种杂货用品，种类齐全，应有尽有。

■ 地址：名古屋市中村区名駅1-1-4 JR中央塔B2F-11F　■ 营业时间：10:00~220:00　■ 电话：052-5661101

在名古屋的出行

名古屋的交通很便利，对于带孩子旅行的游客来说，乘坐地铁和巴士出行是不错的选择。地铁的交通指示全部用双语和彩色标记，而且对名古屋的景点作了很详细的标示。而巴士的编号、途经的主要停车站以及终点站都在巴士站牌和巴士车身上有详细的标识，哪怕你不懂日文，都可以放心大胆地带孩子去游玩了。

● 名古屋的交通优惠票

名古屋交通优惠票	
优惠票	介绍
巴士一日游卡	可乘坐（只限）市内巴士，各线乘车次数不限，一日内有效。成人600日元，儿童300日元
地下铁一日通票	一日内、无限制多次搭乘地下铁。地铁站的自动售票机或售票处购买。成人740日元，儿童370日元
地下铁、巴士一日通票	一日内、无限制多次搭乘地下铁、巴士。地铁站的自动售票机处、售票处、巴士司机处购买，成人850日元，儿童430日元。另外有"名古屋KANKYO通行证"售620日元
Yurika预付卡	Yurika预付卡可以在搭乘地下铁、巴士时购车票，还可以用于购买一些景点的门票（无折扣）。地铁站的自动售票机机或售票处购买。价格：1000、2000、3000到5000日元不等，但是只用于平日的白天，10:00前以及16:00后不能使用

周六、周日和日本节假日以及每月8号环保日，购买巴士、地铁一日券，价格和地铁一日券相同，大人是600日元，小孩是300元，非常划算。

地铁

如果想带孩子进行市内观光的话，乘坐地铁最为方便。名古屋的地铁主要分为名城线、樱通线、东山线、鹤舞线、四号线及犬山线，普通票价是从200日元到290日元不等。对于观光客来说，一日乘车券比较划算，票价为740日元，许多景点和商店，只要出示一日券，还会有一定程度的优惠哦。

地铁运行时间5:30~24:00，发车次数根据忙闲时间不等，乘车高峰时间7:00~8:00，每2分钟发车一次。

巴士

在名古屋旅行时主要利用的是市营巴士和近铁巴士，市营巴士较为便宜，为普遍价格200日元，名铁巴士则高达360日元。市内巴士主要乘车站在名古屋站，地点在出JR樱通口名古屋站前巴士乘车中心2楼。此外还有前往繁华地区荣方面的中心环城巴士。

带孩子的游客乘坐巴士，同样可以在名古屋各处观光游览，非常方便。观光游览巴士票价成人是200日元，儿童100日元，周二至周日运营，20~30分钟一班。

乘坐巴士时，在下车前一定要记得按座位旁边的声音按钮，提醒司机下站有乘客要停车。乘坐巴士购票时多使用现金，没有零钱时车上有专门换零钱的系统，可根据司机的指示操作。还可以使用回数券、彩虹卡、关西卡等充值卡乘车。当然购买enjoyeco一日乘车卡的乘客可以直接出示给司机，其他优惠乘车券均如此。

出租车

名古屋的出租车相对东京等地较便宜，安全且干净。起步价格小型车480日元，以后每1分45秒加收80日元，中型车500日元，以后每1分35秒加算80日元。电话叫车会特别收取迎车费用，深夜也会加收深夜行驶费用，所以对于预算有限的观光者来说，还是推荐公共交通设施。

JR电车

名古屋和东京由JR东海道新干线连接，有希望号，光速号和回声号3种。到名古屋旅游的旅客若想顺道至东京一游，可以考虑JTB推出的东京2日自由行套票，包括名古屋到东京的光速号新干线往返车票及东京一晚的住宿，费用每人20100日元起。从名古屋到京都单程大约35分钟，光速号和回声号大约40~60分钟。单程自由席大约4930日元，指定席约5600日元。

静美的白川乡合掌屋
参观之旅

白川乡位于名古屋附近的岐阜县白山山麓,是个四面环山、水田纵横、河川流经的安静山村。这个山村的特别之处即是有名的合掌屋,这是日本传统乡村的建筑。白川乡合掌村是世界遗产,是非常美丽和淳朴的地方,四季景色不同,每个季节都有一份特殊的静美。尤其是冬天,在白雪皑皑的覆盖之下,白川乡像极了一个白色的童话村落,静静地站在展望台欣赏着,就如同欣赏一幅美丽的画卷一般,这种美好的感觉还是得亲自来体验一番吧!

● 你了解合掌屋吗

合掌建筑指的是将两个建材合并成叉手三角形状且用稻草芦苇来铺屋顶,在白川地区又被称为切妻合掌建筑,其特征是两边的屋顶像是一本打开的书一样,成个三角形状,可以减少受风力,且调节每日日照量,使得屋内得以冬暖夏凉,更适合人居住。这也是因应白川地区雪茫的自然条件而发展出来的。另外,合掌屋大多面对着南北方向,其原因是考量白川的风向,减少受风力,且调节日照量,使天气得以冬暖夏凉。而合掌村的名字,则来自于其建筑型式,呈人字形的屋顶如同两手合握一般,于是房子被称为合掌造,所以村庄就被叫作合掌村了。

177

●前往白川乡合掌村的交通

从名古屋车站乘 JR ひだ号到高山，约一小时一班车，这一段路程风景非常美。到高山后，转搭浓飞巴士去合掌村。或者从名古屋车站乘 JR 高山本线到美浓太田车站约 45 分钟，乘坐长良川铁道，从美浓太田车站到美浓白鸟车站约 2 小时。乘坐 JR 巴士往鸠谷方向到荻町合集落约 1 小时 50 分钟。

如果你打算从名古屋搭电车，前往高山市，再转巴士至白川乡合掌村，且玩完后沿路回程到名古屋的话。那么建议你购买一组套票：JR 所推出的【レール＆奥飞骅バスコース】该套票越多人使用越便宜，最多一次 4 个人一起使用，以从名古屋出发为例，1 个人 11800 日币，2 人共 17800 日币，3 人共 23800 日币，4 人共 29800 日币这组套票包含有效期间 3 日内的，名古屋至高山市地来回特急对号列车＋名古屋至高山非对号列车无限搭乘以及浓飞巴士高山站至新穗高温泉间无限搭乘＋浓飞巴士高山站至白川乡 9 折优惠（买来回票即为 4300 再 9 折）。

●合掌村的游玩乐趣

在野外博物馆的"合掌造民家园"里，将 25 栋在白川乡各地使用过的"合掌造"房屋移建、保存在这里。在每栋建筑物中，除了有传统工艺的体验外，还有资料馆、美食馆等可以游览参观。园内还按古代农村的模样，建有寺庙、水车小屋、烧炭小屋、马厩等建筑。其中有染色、机织等传统工艺的表演，你和孩子在这里还能亲自体验一下。在荞麦面道场，可体验日本荞麦面的打制。

秋天，这里会举办浊酒节，节日期间请普通观光者喝上一盅混有米饭的白浊酒。在会场之一的白川八幡神社内，办有浊酒节之馆，利用木偶人模型介绍在节日上举行的狮子舞等。荻町城迹瞭望台则是俯瞰村落风光的绝好场所之一。

最好的学习在路上

带孩子游日本

⭐ 名古屋省钱大比拼

	对孩子优惠的景点		
景点名称	孩子玩点	优惠信息	地址
名古屋城	观看影像、赏樱	成人500日元，名古屋市持有敬老手册的老人100日元，成人团体优惠30人以上450日元、100人以上400日元，中学生以下免费	名古屋市中区本丸1-1
名古屋电视塔	观看名古屋市内的美景	4楼以下免费，4楼以上展望台等需门票：成人600日元，儿童300日元	名古屋市中区锦3丁目6-15
跨海大桥	观看大海	免费	名古屋港名港
名古屋城市档案馆	了解名古屋历史	免费	名古屋市东区白壁1-3
大须观音寺	看日本建筑	一般祷告3000日元起，特别祈祷50000日元起，交通安全祈祷3000日元起	名古屋市中区大须2-21-47
Noritake花园	了解到陶瓷微妙的制作工艺	500日元（工艺中心+Noritake博物馆）	名古屋市西区则武新町3-1-36，451-8501
德川美术馆	观看展品	成人1200日元，高中生、大学生700日元，初中生、小学生500日元	名古屋市东区德川町1017
丰田产业技术纪念馆	了解汽车	免费	名古屋市西区则武新町4-1-35
名古屋港水族馆	观看海豚表演	成人、高中生2000日元，小学生、初中生1000日元，四岁以上幼儿500日元	名古屋市港区港町1-3
名古屋城市艺术博物馆	观看艺术品	成人300日元，高中生、大学生200日元，初中生、小学生免费	名古屋市中区荣2-17-25
鹤舞公园	赏樱	免费	名古屋市昭和区鹤舞1丁目
东山动植物园	观看动植物	500日元	名古屋市千种区东山元町3-70
名古屋科学博物馆	品味科技	成人800日元，高中生、大学生500日元，初中生以下免费	名古屋市中区荣2-17-1
电力博物馆	了解电力知识	免费	名古屋市中区荣2-2-5
白鸟花园	赏枫	成人300日元，中学生以下免费	名古屋市热田区热田西町2-5
货币博物馆	欣赏木版画	免费	名古屋市东区赤塚町25
纳豆博物馆	了解纳豆的制作工艺以及功用	300日元	名古屋市中区新荣1-35-6

最好的学习在路上

★ 带孩子游日本 ★

PART6

带孩子游
札幌

181 > 201

　　札幌虽具有浓郁的北国风味，但四季分明，春天可以在大通公园看到紫丁香与铃兰一起绽开的风景，夏天在蔚蓝的天空下可与羊之丘展望台四溢的清爽绿色拥抱，秋天可漫步于北海道大学金黄色的银杏林荫道，冬天则可融入国际滑雪场白茫茫的世界。在札幌你可以品尝到具有北海道独特风味的鲑鱼料理，以及有豆酱风味和黄油风味等不同口味的札幌拉面，或者还可以和孩子策马奔驰在草原上，体验飞驰的感觉。

带孩子怎么去

优选直达航班

    目前乘坐飞机从中国能直达日本札幌的城市有北京、上海和香港等，承运直达航班的航空公司主要是日本航空、国泰航空、香港航空和中国国际航空，大大增加了游客的选择空间。对于带孩子出行的游客可以参考下面的信息，选择航班。表格中的出发时间是以北京时间为准，到达时间是日本当地时间。

中国到札幌的直飞航班资讯						
承运公司	航班号	班次	路线	出发时间	到达时间	实际北京时间
中国国际航空公司	CAA169	2367	北京→札幌（新千岁机场）	8:00	12:50	11:50
日本航空	JL7066	除周五外，每天均有	香港→札幌（新千岁机场）	12:05	17:35	16:35
	JL7062	每天均有	香港→札幌（新千岁机场）	9:15	14:50	13:50
	JL5632	周二、三、六、日有	上海（浦东机场）→札幌（新千岁机场）	8:15	12:30	11:30
国泰航空	CX580	每天均有	香港→札幌（新千岁机场）	9:15	14:50	13:50
	CX582	除周五外每天均有	香港→札幌（新千岁机场）	12:05	17:35	16:35
香港航空	HX690	除周一、四外，每天均有	香港→札幌（新千岁机场）	9:30	14:55	14:55
日本航空	NH5756	周二、三、六、日有	北京→札幌（新千岁机场）	8:00	12:50	12:50

从机场到札幌市

    札幌有两个机场——新千岁机场和丘珠机场，分别有来自日本全国各地的班机，千岁机场更有班机来往于世界各大城市。从中国飞往日本的航班主要停靠在新千岁机场。

●从新千岁机场出发

新千岁机场位于北海道千岁市和苫小牧市的交接处，是札幌市的主机场。从该机场前往札幌市区可乘坐巴士、出租车等交通工具。

■ 地址：Bibi, Chitose, Hokkaido Prefecture　■ 网址：www.new-chitose-airport.jp

新千岁国际机场至札幌市的交通		
交通方式	介绍	时间及票价
JR日本铁路机场高速	新千岁机场乘坐JR快速列车"快速机场线"可到达札幌，机场内有日、中、英、韩四种语言的指路标识，很容易找到	每15分钟一班，时长36分钟，大人1040日元，儿童520日元
出租车	楼下一层有出租车乘降中心	打车到札幌市区约12000円，全程约60分钟
巴士	上车后，车内有个屏幕，显示所有接下来站点的票价，到站下车就拿相应的钱投币即可	札幌中心地区约80分钟，成人820日元，儿童410日元

●从丘珠机场出发

丘珠机场位于北海道札幌市东区，是当地的一个较小的机场。从机场前往札幌市区可乘坐大巴，乘坐北都交通机场联络巴士。在札幌站下车，车程约30分钟，成人为400日元。乘坐北海道中央巴士，在札幌终点站（大通东1）下车，约35分钟，成人为200日元。乘坐出租车前往札幌站，时长25分钟，2500日元。

■ 地址：札幌市东区丘珠町　■ 网址：www.okadama-airport.co.jp

亲子行程百搭

市内百搭

文艺路线

从JR札幌站北口步行10分钟；或搭乘地铁南北线、东丰线在札幌站下车，步行15分钟

❶北海道大学 2小时

Hokkaido University

⌄ 从环状通向西行驶，到道道452号线，在北18西15·北19西13向左转，进入道道452号线，行驶约1.7千米，向左转400米，向右行驶450米，在北2西7·北3西8向左转，行驶约120米，约10分钟可到

❷旧道厅 1小时

The Former Hokkaido

⌄ 向东前行约17米，走通道后进入人行横道，乘乐300米，走通道约81米，步行约7分钟可到

❸大通公园 2小时

Odori Park

⌄ 向东前行约77米，走人行横道约200米，横穿道路约60米后，走人行横道约300米，约9分钟可到

❹狸小路 3小时

Sapporo Tanukikoji

边吃边玩路线

搭乘地铁南北线，在札幌站下车，步行5分钟直通JR Tower

❶JR Tower 展望室 2小时

JR Tower Observation Deck

⌄ 步行3米，乘电梯下到6楼，步行约40米，乘电梯下到B1，前往B1

❷薄野 2小时

Susukino

⌄ 向西南步行约650米，8分钟左右可到

❸札幌市钟楼 1小时

Sapporo Clock Tower

⌄ 向西前行约17米，沿步道前行约12米，走人行横道约340米，向右转步行约15米，5分钟左右可到

❹札幌电视塔 2小时

Sapporo TV Tower

札幌市内行程百搭路线示意图

周边百搭

畅游路线	文艺路线
搭乘地铁东西线，在圆山公园站下车，步行5分钟即到	从札幌站步行约10分钟；搭乘南北线，从札幌站、大通站步行10分钟

① 圆山公园 1小时
Marayama Park

向西前行约500米，向右转沿步道前行，约8分钟可到

② 圆山动物园 2小时
Maruyama Zoo

内西南行驶约45米，向左转行驶约250米，继续直行1.2千米，向右转，行驶约750米，约6分钟可到

③ 北海道冬季运动博物馆 2小时
Sapporo Winter Sports Museum

向东南行驶约750米，向左转，进入道道89号线，行驶约900米，进入北1条宫の沢通，行驶约3.5千米，最后进入道道124号线，向左转，约20分钟可到

④ 白色恋人公园 2小时
Shiroi Koibito Park

① 北大植物园 2小时
Botanic Garden Hokkaido University

向南前行约23米，向右转走人行横道可到，约2分钟

② 阿伊努人文化中心 1小时
Hokkaido Ainu Kyokai

向南行驶，进入月寒通，在南4西10向左转，进入国道230号线，开往藻岩山，约30分钟可到

③ 藻岩山 1小时
Mt.Moiwa-yama

向东南行驶，途经真驹内通线，在真驹内曙町2·真驹内公园向右转，约13分钟可到

④ 北海道立真驹内公园 2小时
Makomanai Park

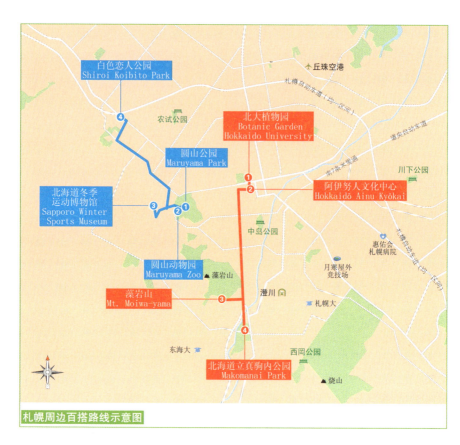

白色恋人公园
Shiroi Koibito Park

农试公园

丘珠空港

札樽自动车道（均一区间）

北大植物园
Botanic Garden
Hokkaido University

道央自动车道

川下公园

圆山公园
Maruyama Park

新千岁米里道

阿伊努人文化中心
Hokkaidō Ainu Kyōkai

北海道冬季
运动博物馆
Sapporo Winter
Sports Museum

中岛公园

惠佑会
札幌病院

圆山动物园
Maruyama Zoo

藻岩山

澄川

月寒屋外
竞技场

札幌大

藻岩山
Mt. Moiwa-yama

东海大

西冈公园

北海道立真驹内公园
Makomanai Park

烧山

札幌周边百搭路线示意图

亮点

❶ 白色恋人公园：体验巧克力的制作乐趣

❷ 大通公园：观看街头艺术家的表演

❸ 哆啦A梦空中乐园：与哆啦A梦进行互动和合照

❹ 北海道大学：游览日本最美的大学之一

❺ 北方马公园：乘坐马拉雪橇

❻ 百合之原公园：坐着火车赏花

白色恋人公园

　　"白色恋人"是北海道很出名的白巧克力甜点，而白色恋人公园（Shiroi Koibito Park）就是以它为主题的观光景点。走进公园，你和孩子会看到一栋像童话城堡的红砖大楼，外头有一座活动人偶钟塔，每到整点会有"巧克力嘉年华"，钟塔上的人偶开始唱歌跳舞，非常欢乐。顺着楼梯穿梭在不同楼层中，可以看到流水线上巧克力制作的全过程、巧克力的历史、关于巧克力的收藏等，在这里你们还能亲身体验自制巧克力的乐趣。你还可以带孩子去玫瑰园中乘坐坐蒸汽小火车，在公园中的树林间穿梭，一定会让孩子兴奋不已。赶快带孩子进入这童话般的世界吧。

适合孩子年龄：6～14岁
游玩重点：观看巧克力甜点制作过程、自己做巧克力饼干等

亲子旅行资讯

✉ 札幌市西区宫泽2条2-11-36

🚇 搭乘地铁东西线，在宫之泽站下车，再步行约7分钟即到

🌐 www.shiroikoibitopark.jp

💴 高中生以上600日元，初中生以下200日元，3岁以下儿童免费。制作巧克力饼干1080日元起

🕐 9:00～18:00（17:00停止入场），商店营业至19:00

📞 011-6661481

潮爸辣妈提示

　　公园里可以定制自己专属的饼干盒，可以将家人或朋友的照片印在饼干盒上，需要单独付费，1080日元起，根据制作内容时间为30～80分钟。

大通公园

大通公园（Odori Park）位于札幌市的中心地带，是当地市民休闲娱乐的开放式公园。公园里种着紫丁香等几千棵树木，花坛一年四季都被各种鲜花装点着，还有不断变化造型的喷泉，景色宜人。天气晴好时不妨带孩子到大通公园来散散步，在公园的中心区域有百年高龄的参天大树，枝繁叶茂的"遮阳伞"下排列着长椅，走累了可以坐下来休息。在这里时不时能看到街头艺术家的表演，还能看到十几种造型不同的喷泉，而四处散落着的前卫雕塑同样值得欣赏。

适合孩子年龄：7～14岁
游玩重点：观看喷泉、艺术家的表演等

亲子旅行资讯

✉ 札幌市中央区大通西1丁目－大通西12丁目
🚌 搭乘地铁东西线、南北线、东丰线至大通站下车，从2、5、6、8或7号出口出来即到
🌐 www.sapporo-park.or.jp
☎ 011-2510438

潮爸辣妈提示

每到圣诞期间，大通公园还会举行德式圣诞集市，通常从11月底至圣诞前夕11:00～21:00开放，届时商店主会场将有商品销售店、饮食店等各种各样的有趣店铺，你可以和孩子品尝到热红酒、烤杏仁等正宗的德国美食，还能买到超级可爱的圣诞装饰手工艺品。入夜后，札幌电视塔前的圣诞树还会被点亮，更具浪漫的气氛。

札幌电视塔

札幌电视塔（Sapporo TV Tower）耸立在大通公园的最东端，是大通公园的地标建筑，也是小樽这座城市东西南北的分界点。晚上的时候在大通公园可以看到电视塔超级壮丽的景观，你可以和孩子一起登上约90米高的展望台，一览札幌的绝美风景。尤其是冬季，在红色的灯光的映衬下，格外好看，再遇上下雪，更加有北国风光的浪漫感觉。

适合孩子年龄：7～12岁
游玩重点：欣赏雪灯等

亲子旅行资讯

✉ 札幌市中央区大通西1丁目
🚌 搭乘地铁东西线、南北线、东丰线，在大通站下车，步行5分钟；或从JR札幌站南口步行15分钟
🌐 www.tv-tower.co.jp
💰 成人720日元，高中生600日元，初中生400日元，小学生300日元，3岁以上儿童100日元
📅 4月1日～4月25日9:30～21:30，4月26日～10月13日9:00～22:00，10月14日至次年3月31日9:30～21:30
☎ 011-2411131

北海道开拓村

适合孩子年龄：9～14岁
游玩重点：乘坐马车铁路、马雪橇等

北海道开拓村（Historical Village of Hokkaido）是一座市外博物馆，主要是为了纪念北海道诞生100周年而设立的。它见证了北海道的发展历史，能够让游客近距离的了解北海道开拓历史。带孩子来这里你们可以看到大面积的场地分为市区群、渔村群、农村群和山村群，当时的交通工具如马车铁路、马雪橇等还在场地内运行，可以和孩子一起乘车游玩。此外，在夏天可以看到有很多志愿者，在这里进行现场解说、交通巡逻、稻草编织等各项表演，并且举办售卖"粗点心"等活动。

亲子旅行资讯

✉ 札幌市厚别区厚别町小野幌50-1
🚗 从JR新札幌站、市营地铁东西线的新札幌站乘坐巴士15分钟
🌐 www.kaitaku.or.jp
💴 夏季830日元，冬季680日元
☎ 011-8982692

圆山动物园

适合孩子年龄：6～13岁
游玩重点：观看各种动物

圆山动物园（Mayuyama Zoo）包括热带鸟类馆和虫类馆，在里面可以看到生活着北极熊、雪豹等哺乳动物以及鸟虫类

亲子旅行资讯

🏞 圆山公园内
🚗 500日元
🕐 8:30～18:00
☎ 011-6211426

等170多种可爱的动物。一到冬天，动物园被大雪覆盖，一片白色，在雪地中来回奔走着长颈鹿和狮子，是其他动物园中无法欣赏到的奇特景观。这里的动物们都有自己的名字，带孩子来这里参观，时间凑巧的话还能在饲养员的解说中观看到给动物们喂食的场面，非常有意思。

189

哆啦A梦空中乐园

适合孩子年龄： 5～12岁
游玩重点： 玩铜锣烧形滑梯、观看漫画、与真人哆啦A梦进行互动和合照等

哆啦A梦空中乐园（Doraemon Sky Park）位于札幌机场3层内，是一座哆啦A梦主题园。你可以带孩子去幼儿区玩铜锣烧形滑梯，或者到图书馆看从世界收集来的多语种漫画。"大朋友"们则一定不能错过公园区，在动画片和漫画中反复出现的野比房间、时光机、电话亭和任意门前合影的同时，也不妨测试一下自己的记忆力，看看还能辨认出多少哆啦A梦口袋里的宝贝。在主题区里面，孩子还可以和真人版哆啦A梦进行互动和合照。

亲子旅行资讯

✉ 北海道新千岁机场3层
🏠 www.shinchitose-entame.jp
🎫 成人600日元、中学生和高中生400日元、
💰 小学生及以下300日元，不满三岁免费开
　放时间：6至9月为9:30～18:30；10至5月为
　10:00～18:00
☎ 011-23463355

潮爸辣妈提示

　　1.除主题公园外，儿童自由活动区、娱乐区、情景工作坊、图书馆、咖啡区，都可以免费进入。

　　2.在咖啡区休息一定要体验哆啦A梦的鲷鱼烧点心，还有铜锣烧，价格都不算贵。

　　3.主题区有超大哆啦A梦纪念章盖，可以盖在自带的本子上，也可以在公园入口处买盖章的本子，500日元一本。

　　4.如果买了盖章本子，最后的哆啦A梦问候拍照环节，可以专门拍摄一张照片，在前台处领，一定别错过。哆啦A梦拍照问候活动的时间并不固定，可以提前询问主题公园入口处的工作人员，不要留下遗憾哦。

　　5.如果想寄机场限定的蓝胖子明信片，一定提前在乐园隔壁的主题商店买好带入到园区里盖纪念章。

冬季运动博物馆

适合孩子年龄：10~14岁
游玩重点：体验雪橇比赛等

冬季运动博物馆（Sapporo Winter Sports Museum）位于曾举办札幌奥林匹克运动会以及世界杯等国际运动大会的世界著名的大仓山滑雪跳台场内，馆内主要展示有关冬季运动的资料并介绍其历史。走进博物馆内，可以看到古代传统的冰雪行走器具，还有老式方向盘雪橇等。你可以和孩子利用高科技体验雪橇比赛的刺激，用模拟训练装置，尝试跳台滑雪、雪橇、滑雪射击、花样滑冰的单足旋转等，非常值得尝试，赶快和孩子来这里进行一次雪地实战吧。

亲子旅行资讯

✉ 札幌市中央区宫森林1274

🚌 从地铁东西线"圆山公园站"乘坐公共汽车的宫之森比赛场路线，在"大仓山竞技场入口"下车，步行10分钟到达

🌐 www.okura.sapporo-dc.co.jp

💰 成人600日元，中学生以下免费

📅 4月1日至4月30日9:30~17:00，5月1日至10月31日9:00~18:00，11月1日至3月31日9:30~17:00

☎ 011-6418585

潮爸辣妈提示

在博物馆参观请注意遵守博物馆秩序，做到不吸烟、不大声喧闹、不乱扔垃圾，保证博物馆环境卫生。

札幌其他景点推荐

中文名称	英文名称	地址
旧道厅	The Former Hokkaido Government Building	札幌市中央区北3条西6丁目
札幌时计台	Sapporo Clock Tower	札幌市中央区北1条西2-1-1
札幌啤酒园	Sapporo Beer Garden	札幌市东区北7条9-2-10
中央海鲜市场	Seafood Market	札幌市中央区北11条西21丁目-西22丁目
JR TOWER展望室	JR Tower Observation Deck T38	札幌市中央区北5条西2丁目5
羊之丘展望台	Hitsujigaoka Observation Hill	札幌市丰平区羊之丘1
朝日啤酒园	Asahi Beer Park	札幌市白石区南乡通4丁目南1-1
北海道真驹内公园	Makomanai Park	札幌市南区真驹内公园3-1

跟孩子吃什么

很多人喜欢日本的拉面，而札幌的味噌拉面更是以其浓厚的口味赢得人们的青睐，无论是在寒冷的冬季还是在干热的夏季，都可以带孩子寻找到适合自己心情的拉面。如果孩子喜欢吃肉的话，札幌的成吉思汗烤羊肉则一定不能错过，达摩本店的烤羊肉没有一点腥味，非常的嫩滑。或者带孩子去尝尝札幌的冰激凌，非常美味哦。

札幌的特色美食

札幌是日本第一的拉面城市，有独具特色的"札幌拉面"。在寒冷的冬日，一碗汤咖喱能温暖你。夏天，吃着"成吉思汗"羊肉料理，再喝着"札幌啤酒"，那是札幌人最喜欢的美味。还有绝对新鲜的海鲜料理，尤其是特有的鲑鱼料理和螃蟹料理更是不能错过。札幌这座吃货们的天堂，汇聚着无数的美食，你和孩子的胃，准备好了吗？

孩子最喜欢的餐厅

元祖拉面横丁街汇集了北海道四大拉面之一札幌拉面的近20家名店，备有各种活动、限期特供拉面等企划，每次来都可以有不同乐趣。在这里你可以一边品尝一边观赏拉面的制作，每碗热腾腾的拉面的背后是店主们的真心奉献，有机会一定和孩子来这里感受一下哦。

● 我的札幌

我的札幌是日本当地特有的自助餐厅，主营业务为螃蟹料理。口感嫩滑的蟹肉和味道浓郁独特的蟹膏，使人吃过之后就没齿难忘。这里的螃蟹从被誉为"螃蟹之王"的楚蟹，到物以罕为贵的花咲蟹以及毛蟹、荆蟹、油鳕场蟹等，应有尽有，是品尝螃蟹的最佳好去处。

■ 地址：北海道札幌市中央区南7条西6我的札幌大楼　■ 交通：地铁南北线薄野站出站后，步行7分钟的路程　■ 开放时间：10:00～22:00

●成吉思汗达摩本店

这是札幌一家有60多年历史的老店，闻名全日本的成吉思汗烤肉就是源自于此。该店选用只出生一年的小羊肉，用祖传秘方将羊肉的腥膻味去除，只留下羊肉的鲜嫩甜美。将羔羊肉或成羊肉放在独特的山状成吉思汗锅上烤，就着以酱油为主的调料汁食用。这就是北海道的代表性料理，成吉思汗烤肉。

■ 地址：札幌市中央区南5条西4　　■ 交通：地铁"すすきの"站下车徒步约7分钟
■ 网址：www.best.miru-kuru.com　　■ 开放时间：周一至周四17:00～03:00；周
五、周六16:30～02:30　　■ 电话：011-5526013

●札幌拉面共和国

拉面共和国位于札幌站前Esta10楼，从JR站或地铁出来后，沿着路牌就可以找到。这里汇集了北海道著名的8家拉面店，其中最有名的可能就是梅光轩和白桦山庄了。梅光轩主打旭川酱油拉面，白桦山庄主打札幌味噌拉面，加上函馆盐味拉面和钏路极幼拉面，为北海道四大拉面派系哦。

■ 地址：札幌市中央区北5条西2丁目　　■ 交通：JR札幌站徒步3分钟　　■ 网址：www.
sapporo-esta.jp/ramen　　■ 开放时间：11:00～22:00　　■ 电话：011-2132010

札幌其他餐厅推荐

餐厅	介绍	地址	电话
饺子王将	饺子王将是一家以饺子、拉面为主打的中餐日餐料理连锁店，价格相对实惠	札幌市中央区南三条西3-10-1	011-2076600
温味	温味餐厅是2012年北海道米其林三星餐厅之一，主营怀石料理。主厨对配角食材的挑选和制作也十分讲究，是一家值得专程前往的美味餐厅	札幌市中央区南3条西3丁目	011-2106858
炎神	全日本沾面比赛、在北海道有参与权的人气餐厅。店里的特色是每天用高达1300℃的高温来煮汤头，高温瞬间把油脂融入高汤里	札幌市中央区南二条西4-4	011-2069900
汤咖喱专门店	这家装饰成东南亚风格的小餐厅，采用北海道知床出产的食材，以辛辣而又微甜的咖喱汤为特色，并且可以选择咖喱的辛辣度和汤的浓厚度	札幌市北区北13西3	011-7371600
四川饭店	和店名描述的一样，在这里可以吃到四川菜和担担面等中餐	札幌市中央区北5西2-1札幌ESTA 10F	—

和孩子住哪里

　　札幌是北海道的首府，住宿设施众多，有西式也有日式，住宿价格因住宿类型式样和酒店设施而异。带孩子的游客可选择你已习惯的西式饭店内，也可选择传统的日式经济旅馆，享受其舒适周到的服务。有时还可找到不太有名的住所，在那儿不但有清洁舒适的房间供你住宿，而且可节省费用。

● 札幌公园酒店

　　札幌公园酒店（Sapporo Park Hotel）坐落在札幌市中心，俯瞰中岛公园。设有舒适的客房、覆盖各处的免费无线网络连接、6家餐饮店和SPA，并提供自行车租赁服务。札幌公园酒店的餐厅供应各式美食，包括意式、中式和当地佳肴。札幌公园酒店设有购物商场，提供精品美容沙龙服务。客人可来享受芳香疗法和按摩服务。

■ 地址：Chuo-ku Minami 10-jo Nishi 3-1-1　■ 网址：www.park1964.com　■ 电话：011-5113131

● APA札幌站前酒店

　　APA札幌站前酒店（APA Hotel Sapporo Susukino Ekimae）位于Hosui Susukino地铁站的3号出口旁，交通非常便利。酒店内设有投币式自动洗衣店，24小时前台提供干洗服务。酒店亦可提供烫裤机借用以及行李寄存服务。餐厅供应简单的日式自助早餐，底楼设有便利店。

■ 地址：札幌市中央区南4条西7丁目1-1　■ 网址：www.apahotel.com　■ 电话：011-5119111

札幌其他住宿推荐					
中文名称	英文名称	地址	网址	电话	费用
札幌王子酒店	Sapporo Prince Hotel	札幌市中央区南2条西11丁目	www.princehotels.co.jp	011-2411111	约24000日元起
札幌东京圆顶酒店	Tokyo Dome Hotel Sapporo	札幌市中央区大通西8-1	www.tokyodome-hotels-sapporo.com	011-2610111	约12525日元起
札幌考山国际青年旅馆	International Khaosan Sapporo Hostelr	8 Chome-2-17 Minami 3 Joni shi, Chuo Ward	www.khaosan-sapporo.com	011-2618111	约2500日元起
桥本酒店	Hotel Hashimoto	札幌市中央区南2条东2丁目	www.hotel-hashimoto.com	011-2311123	约4720日元起
北海道札幌第一酒店	Hokkaido Daiichi Hotel Sapporo	札幌市北区北２３条西４丁目２-６	www.hokkaido-daiichi-hotel.co.jp	011-7263232	约6481日元起

给孩子买什么

札幌人气最高的纪念品是北海道白色恋人巧克力饼干，外皮酥脆，内心浓醇香滑，由天然纯净北海道牧场原材料本地加工而成，是来这里的游客必买的美味，可以在机场免税店买到，对于带孩子的游客来说，更不能不要错过。此外还有北海道奶糖、奶酪、糖果点心等多种产品都可以给孩子购买。

孩子的购物乐园

新千岁机场是一个集休闲娱乐饮食购物于一身的大型服务区，在机场3层有一个哆啦A梦空中乐园，详细内容已在带孩子去哪玩的章节中进行了详细介绍，带小孩来的游客一定不能错过。但是除此之外，机场内还有一家巧克力工厂和博物馆Royce'ChocolateWorld。

Royce'Chocolate World中，孩子在这里可以看到珍藏版的古董巧克力包装盒，有告诉你巧克力从何而来的可可树，用灯光效果展示出滚滚流动的巧克力熔岩，还能看到展示的复古巧克力张贴画、原始的巧克力制作工具，以及巧克力制作师现场演示巧克力的制作全过程，还能吃到限定版Royce'巧克力哦。

不可错过的购物地

在札幌购物可以选择狸小路商店街、函馆History Plaza、四丁目Plaza等地。此外，札幌站南侧的Stellar Place展示着代表最新流行的时尚商品，还有Yodobashi Camera电器、Bic Camera电器和BEST电器3家大型电器城，以低廉价格提供最先进最新款的电子电器产品。购买特产，你可以去地铁大通站附近的二条市场和地铁二十四轩站附近的场外市场。

● 狸小路商业街

狸小路商业街是北海道历史最悠久的商业街之一，已经有140余年的历史。整条商业街东西横跨札幌商业中心之一薄野，长达900米，里面的200多家店铺包括了饮食、药妆、服饰、娱乐等，被称为是东京以北的最大商圈，是游客们购物必经之地。

■ 地址：札幌市中央区南2条至南3条，西1丁目至西7丁目　■ 交通：乘坐地铁南北线至薄野(Susukino)站下车，或从札幌站步行约25分钟　■ 网址：www.tanukikoji.or.jp　■ 营业时间：10:00～20:00（各店不同）

● 中央海鲜市场

中央海鲜市场位于札幌中央批发市场旁边，提供北海道各地的新鲜美食，是北海道著名的海鲜市场。这里汇集了海产公司的直营店和蔬果店共80多家，贩卖大大小小、各式各类的水果、蔬菜、饼干、糖果、酒类等，父母可以在此购买新鲜美食哦。

■ 地址：札幌市中央区北11条西21丁目–西22丁目　■ 交通：地铁东西线二十四轩站下车步行10分钟，从JR桑园站步行10分钟　■ 营业时间：5:00～17:00，因店而异

● 宠物小精灵中心（札幌店）

宠物小精灵中心是一个以宠物小精灵为主题的连锁商店。出售许多种多样与宠物小精灵有关的商品，如游戏光盘、宠物小精灵集换式卡片、游戏卡片、动画光盘、漫画、CD等。

■ 地址：札幌市中央区北5条西2丁目　■ 交通：JR "札幌驿"、地铁 "さっぽろ駅"直达　■ 营业时间：10:00～21:00，12月31日10:00～18:00，1月1日10:00～18:00，1月2日9:00～21:00

在札幌的出行

札幌市的交通非常发达，地铁、市内巴士、市内电车、观光巴士、出租车等各种交通工具可供游客选择。如果只在市中心观光，主要依靠地铁和徒步的方式，如果需要前往郊区，可以选择JR电车或地铁前往附近车站，然后再换乘巴士。对于带孩子的游客来说，可以选择包车游览，比较省时省力。也可在慢悠悠的电车上观光，在慢节奏中游览札幌。

札幌的交通优惠票	
路线	**介绍**
1日地铁通票	第1种是只限周末使用的一日地铁通票，票价为500日元，儿童半价，只限当天使用，不限次数
	第2种是一日通用票，票价为1000日元，儿童半价，可在当天任意搭乘地铁、有轨电车、札幌市内区间的公交巴士
	第3种是地铁专用一日通票(地下铁专用1日乘车券)，票价为800日元，儿童半价，可在当天任意搭乘地铁
SAPICA	凭此卡可乘坐札幌圈的地铁、巴士、市营电车，在地铁各车站、月票发售处、巴士总站、营业所窗口发售。发售价格为2000日元，其中可使用金额为1500日元，押金500日元。车费的10％会作为点数自动累积，并自动享受换乘折扣
札幌散步巴士通用一日套票	使用通用一日套票可以免费乘坐札幌市内特殊区间的所有巴士，成人750日元，儿童380日元
札幌周游套票	公共交通设施和总计26处观光景点的门票通用，10枚一组，非常方便实惠。成人1000日元起，儿童500日元起

巴士

在札幌市内，许多巴士总站与地铁车站互接，市内各处也有巴士总站。由北海道中央巴士、JR北海道巴士、Jotetsu巴士3家公司运营的路线巴士穿行于市内各个区域。

北海道中央巴士的定期观光巴士是游览北海道观光名胜、大自然、品尝美食的预约制旅游巴士。有上午行程、下午行程、夜间行程、一日游行程等，可配合时间选择。设有韩语、中义、英语的多国语音导览系统。从海外来的观光客也能尽情享受愉快的北海道之旅。(只限部分行程)，可在teikan.chuo-bus.co.jp/zh/about预约或查询相关信息。

地铁

札幌的地铁线路共有3条，分别是南北线、东西线、东丰线，这些线路把札幌的政府区域、旅游景点、生活区域连接到一起，运营时间为6:00～24:00。根据线路及车站不同略有差异，可登陆www.ekibus.city.sapporo.jp查询。

其中南北线沿线车站距札幌站周边、大通公园、薄野、中岛公园等较近，可以称为观光线路，平均每6～7分钟发车一班，非常便利。

札幌市地铁线路		
名称	**英文**	**介绍**
南北线	Nanboku	往返于麻生和真驹，共有16个站点（札幌、大通、中知岛等），颜色为绿色
东西线	Tozai	往返于宫之泽和新札幌，共有19个站点（大通、东札幌、圆山公园等），颜色为橙色
东丰线	Toho	往返于荣町和福住，共有14个站点（月寒中央、大通、札幌等），颜色为蓝色

潮爸辣妈提示

1.乘坐地铁时，需注意排队候车先下后上。

2.札幌地铁的座位坐垫以及下方靠近地面处均有加热功能，即使在冬天也有温暖舒适的乘车环境。

3.很多车厢的两端座位颜色与其他座位不同，为优先座位，专供老弱病残及孕妇等行为不便的乘客使用，其后方的车窗上均有图标标识。同时在乘坐时需注意保持安静，尽量不要在车厢内打电话及大声说话。

有轨电车

札幌的有轨电车是这个城市街头最经典的元素之一，老的绿皮电车和包上广告涂装的可爱卡通电车，从街头慢慢走过的时候，感觉时间都变得慢下来了。有轨电车在札幌冬天的时候是最为有用的，它的主要站点连接了从地铁到中央图书馆和札幌西南侧地区，并每6分钟一班车，单程票价为成人170日元，儿童90日元。

出租车

　　市内出租车一般按行驶距离收费，起步价为650日元，1.6千米后，每309米加收80日元。上门接送免费，22:00～5:00夜间收费为白天的120%。如果费用超过5000日元，则超过部分可打7～8折。不过在札幌市区一般并不需要乘坐出租车，一是因为费用较高，另外如天气不是很恶劣一般都可通过地铁、巴士以及徒步的方式解决。

汽车

　　札幌市区的道路宽阔，市中心街区纵横齐整，犹如棋盘，容易识路。如果你想自己驾车自由地巡游各个游览景点，建议租赁汽车。在札幌站、大通站周边有各汽车租赁公司的很多营业所，备有各种车型的汽车。并且，绝大部分租赁公司，都可异地还车。

自行车

　　如果你想骑自行车带孩子在札幌市内游览的话，租赁自行车是很方便的一个手段。自行车转弯灵活，且不用担心是否有停车场，可自由地在札幌街区到处游览。自行车的借取与归还均可在你所住宿的旅馆办理。此外，"Porocle"是札幌新推出的自行车共享服务，持"Porocle"1日通票，就可以在遍布市内的任何一个专用停放站借取及归还自行车。

Velotaxi

　　Velotaxi是德国开发的环保型三轮自行车式出租车，札幌从2008年开始投入运营，现在有不少这样的三轮出租车行驶在札幌市中心。你可以和孩子乘坐三轮出租车，途中与司机聊聊天，与路边行人打个招呼，都将带给你无比的快乐。此外，三轮出租车的魅力还在于，它能带你体验乘坐汽车或巴士难以去到的游览线路。

　　向行驶中的出租车招手示意，告诉司机要去的目的地，就可以搭乘了。成人每人300日元，超过0.5千米后，每0.1千米加计50日元，儿童每人150日元，超过0.5千米后，每0.1千米加计30日元。电话：011－7885480。

延伸游览

探访鄂霍次克海的
流冰美景

在札幌及网走之间行驶的有临时列车——流冰特急鄂霍次克之风，以及鄂霍次克特急列车，其中札幌与网走之间一天有5个班次来回。在网走地区乘坐破冰船出海，将能体验到一场惊心动魄的破冰之旅。当今年的流冰抵达北海道时，来此探访鄂霍次克海的流冰美景，是不是让你特别期待呢？

● 鄂霍次克海流冰景观的形成

鄂霍次克海流冰源于黑龙江口，黑龙江为鄂霍次克海带来了丰富的淡水和东西伯利亚的极寒，冻结成冰的淡水随海流和风向从北方一路南下漂移至北海道沿岸，形成令人震撼的鄂霍次克海流冰景观。

● 札幌至网走的交通

从札幌乘坐JR特急列车至网走市，行程时间约5.5小时。在网走乘坐巴士至网走港，约10分钟，然后可换乘破冰船观赏鄂霍克海流冰美景。

特急列车		巴士		破冰船		巴士	
札幌	网走		网走港		网走港		网走
约5个小时30分钟		约10分钟		约一个小时		约10分钟	

札幌至网走列车时间表（每天行驶）			
札幌→网走	札幌开	旭川开	到达网走
鄂霍次克1号	7:21	9:01	12:46
鄂霍次克3号	9:41	11:18	15:09
鄂霍次克5号	15:08	16:42	20:37
鄂霍次克7号	17:30	19:08	22:58
流冰特急鄂霍次克之风	7:55	9:41	13:47

特急鄂霍次克号列车

鄂霍次克号车体为明亮的灰色基调，并用绿色和薰衣草色的线条装饰点缀的Kiha183系特急气动车。作为前往道东的代步工具，全年奔驰于札幌与网走之间，根据列车班次不同，停靠站相异。

不可不知的流冰特急鄂霍次克之风列车

流冰特急鄂霍次克之风号列车是专为观看雪景而在冬天开设的观景火车，从札幌直接开至网走，5个多小时的时间让你把雪景看够。流冰特急鄂霍次克之风号列车在车顶设有天窗，阳光洒入车内非常明亮。你可以将赠送给你的乘车证明当作明信片，写好贴上邮票投送到车厢内特制的邮筒寄出！

●乘破冰船观赏流冰的最美体验

乘坐破冰船看流冰，是十分难得的体验。站在破冰船上，听到脚下破冰船挤碎冰块的震动和轰鸣，而眼前的海面蓝到发黑，上面漂浮着大大小小的冰块，在视线所及的远方，甚至有大如山丘的浮冰，微微发蓝的冰面上覆盖着白雪，就这样从北极一路漂来。在伟大的自然力面前，人渺小地存在，所剩下的只有静静欣赏。相信这样的体验，令你永远都不会忘记。每年只有1～3月才能体验这一特殊活动，破冰船越早预订越好哦。

⭐ 札幌省钱大比拼

对孩子优惠的景点			
景点名称	孩子玩点	优惠信息	地址
大通公园	观看街头表演等	免费	札幌市中央区大通西1丁目–大通西12丁目
札幌电视塔	欣赏夜景	展望台入场券成人720日元，高中生600日元，初中生400日元，小学生300日元，3岁以上儿童100日元	札幌市中央区大通西1丁目
北海道大学	欣赏校园美景	免费	札幌市北区北8条西5丁目
白色恋人公园	制作巧克力等	高中生以上600日元，初中生以下200日元，3岁以下儿童免费	札幌市西区宫の沢2–2–11–36
札幌市钟楼	观看钟楼	成人200日元，中学生以下免费	札幌市中央区北1条西2–1–1
札幌啤酒园	了解啤酒的制作过程	免费	札幌市东区北7条9–2–10
圆山公园	观察鸟类	免费	札幌市中央区宫之丘
藻岩山	观赏夜景、滑雪	免费	札幌市中央区伏见5–3–7
JR TOWER展望室	享受360度的壮观景色	成人700日元，初中生、高中生500日元，小学生及幼儿300日元，3岁以下免费	札幌市中央区北5条西2丁目5
渡边淳一文学馆	了解作家的发展历程	成人300日元，中小学生50日元	札幌市中央区南12条西6丁目414

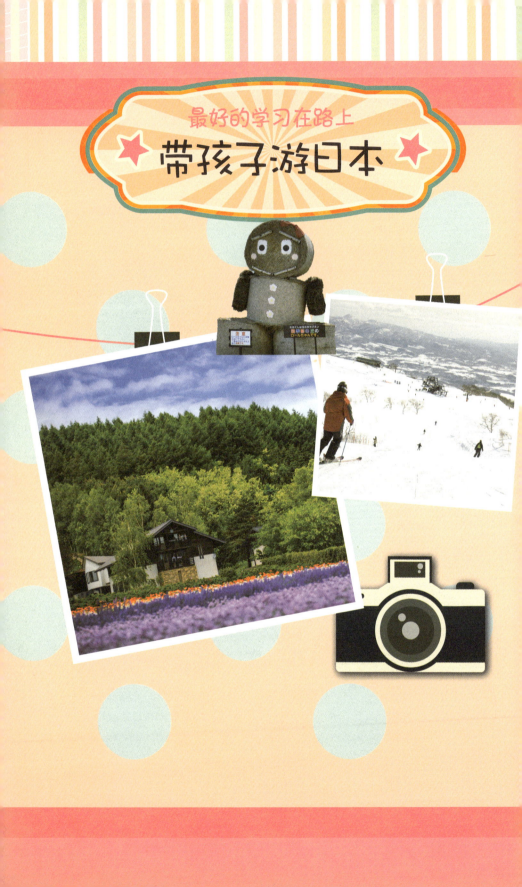

最好的学习在路上

带孩子游日本

PART7

带孩子游
富良野

　　每到5月，富良野便盛开各色各样的花卉，整个富良野丘陵就像一片广阔的花海，让人目不暇接，因而成为许多日本广告的拍摄地点。你可以带孩子去游览最常出现在北海道风景明信片中的富田农场，坐在座椅上赏花，购买农场自家研发精心制造的香水、沐浴球、薰衣草糖、易开罐式的简易栽培薰衣草罐头等，你还可体验亲手制作薰衣草枕头，带回北海道春天的气息。

带孩子怎么去

由于富良野没有机场，前往富良野的游客可先乘坐飞机前往札幌的新千岁机场，具体航班信息可以参考P182中的相关部分。

从札幌到富良野

1.搭乘JR特急富良野薰衣草特急快速列车：6月中旬到8月下旬，及9月的周六、日运行。车程约2小时，票价约4480日元。6月、9月每日1班，7月~8月中旬每日3班。

2.至泷川站转车：从札幌站搭乘JR在泷川站转搭JR根室本线到富良野，约1小时58分，票价约3830日元。

3.搭乘中央巴士公司快速富良野号：从札幌到富良野，时间约2小时30分钟，单程票价约2200日元。

从札幌前往富良野美瑛可乘坐JR列车，JR富良野线普通列车至富良野约70分钟，票价1040日元。每年6月至10月间会有临时观光列车富良野·美瑛诺罗科号行驶于旭川至富良野站之间，中途在富良野的薰衣草胜地——富田农场附近会设置临时停车站薰衣草田站，可由此下车就近游览富田农场以及周边的薰衣草花田。

在薰衣草盛开的季节里，从札幌到富良野也有一些直达特快列车，早晨从札幌出发，夜晚从富良野返回札幌，单程票价为4170日元。从旭川大约每小时有一列列车开往美瑛，约30分钟，票价约530日元。

亲子行程百搭

市内百搭

文艺路线

乘坐地铁N、Q、R线，在5大道/59街站（5 Ave/59 St）下车，沿第五大道向东北步行约200米即到公园动物园入口

❶ 小矮人木屋 `2小时`
Ningle Terrace

向南行驶约130米，向右转行驶约1.1千米，向左转行驶约1.3千米，约5分钟可到

❷ 富良野奶酪厂 `2小时`
Furano Cheese

向北行驶约900米，向左转进入道道800号线，行驶约500米，向左转行驶约100米，约5分钟可到

❸ 风之花园 `2小时`
Kazeno Garden

趣味路线

从JR富良野车站步行约200米

❶ 北国资料馆 `3小时`
From The Northern Country Museum

向东行驶约23米，向左转进入道道759号线，向左转行驶约920米，约7分钟可到

❷ 富良野葡萄酒厂 `1.5小时`
Furano Winehouse

开往学田三区，约3.9千米，沿国道38号线开往道道135号线，约16分钟可到

❸ Highland Furano薰衣草田 `2小时`
Highland Furano

富良野市内百搭路线示意图

周边百搭

文艺路线

从上富良野车站搭乘开往旭川的巴士，约8分钟到深山峠站下车，步行几分钟即到（5 Ave/59 St）下车，沿第五大道向东北步行约200米即到公园动物园入口

深山峠展望台 ①小时
The Mountain Ridge Observatory

⌄⌄ 向西前往富良野国道，向右行驶约1400米，约12分钟可到

Flower Land上富良野 ②小时
Flower Land Kamifurano

⌄⌄ 向西南行驶约250米，左转后行驶约1千米，进入国道237号线，左转进入道道581号线，上道道291号线，约16分钟可到

日之出公园—— ②小时
Hinode Park

⌄⌄ 向东南行驶约65米，向右转行驶约550米，左转进入道道291号线，向右转行驶约300米，约7分钟可到

后藤纯男美术馆 ①小时
Gotou Juo Art Museum

趣味路线

从JR富良野车站搭乘路线巴士"麓乡线"至终点麓乡站下车可到

❶五郎的石屋 ①小时
Goros Stone House

⌄⌄ 向南前行约1欠你们，向左转步行约350米，约16分钟可到

❷富良野果酱园 ②小时
Furano Jam Garden

⌄⌄ 向西北行驶约2.2千米，向右转行驶约900米，向左转行驶约300米，约15分钟可到

❸麓乡之森 ①小时
Rokugo-no-shi

⌄⌄ 向东南行驶约300米，向右行驶约900米，向右转行驶约800米，约10分钟可到

❹捡来的家 ②小时
Furano-shi

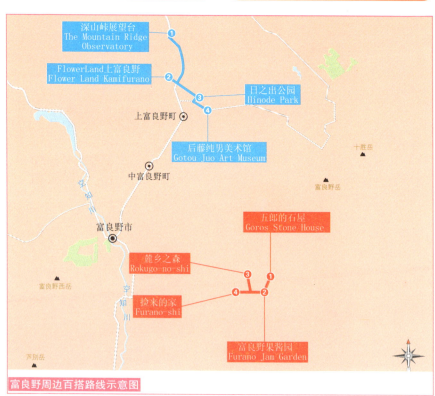

富良野周边百搭路线示意图

亮点

❶ 富田农场：乘坐薰衣草巴士

❷ 小矮人木屋：参观小矮人木屋

❸ FlowerLand上富良野：搭乘农车巴士

❹ 富良野奶酪厂：体验制作奶酪的乐趣

❺ 面包超人专卖店：感受面包超人的魅力

❻ 富良野果酱园：制作手工果酱

富田农场

富田农场（Farm Tomita）是位于中富良野的花卉种植场，以波浪状的彩色花田及不同品种的薰衣草花田而闻名，有着北海道代表性的园艺景观。富田农场面积宽广，拥有多块花田，如花人之田、倖之花田、彩色花田、传统薰衣草花田等。相信每个

适合孩子年龄：7～14岁
游玩重点：观赏花田、乘坐观光小火车等

女孩都无法拒绝美丽而芬芳的鲜花，带上亲爱的孩子来这片花海吧，你们可乘坐薰衣草巴士环绕花田一周，也不要忘记品尝蜂蜜布丁、薰衣草布丁、甜瓜味冰淇淋和薰衣草味冰淇淋等美味。

亲子旅行资讯

✉ 富良野町基线北15号

🚌 搭乘JR富良野线在中富良野站下车，再步行约25分钟可到

🌐 www.farm-tomita.co.jp

🕐 8:30～17:00

☎ 016-7393939

潮爸辣妈提示

1.紫色的薰衣草冰激凌是必尝的，这美味只有夏天的北海道才有卖。

2.大多数的薰衣草在6月下旬开始开花，最佳的赏花期一般为7月上旬到中旬，而彩色花田最美的时候是7月中旬到下旬，个别品种会一直开到8月中旬。因此，7月是赏薰衣草的旺季，也是能同时看到多块花田开花的最佳时机。

3.你也可以在其他时节欣赏到富田农场的不同的花卉，如6月初的羽扇豆、7月的百合，以及8月和9月的向日葵、鼠尾草及波斯菊等。若在春、秋两季前往，还有机会伴着花海欣赏到远方覆盖残雪或开始积雪的十胜岳连峰。

彩香之里

彩香之里位于富田农场周边，是坐落在JR中富良野站对面山坡上的富良野薰衣草花田。站在山坡上能够看见整个富良野市及远方的十胜山连峰，景色

亲子旅行资讯

✉ 富良野町丘町6番1号
🚌 乘坐薰衣草号巴士至中富良野站下车，下车后向上坡走，找到弘照寺后向左，发现继续上坡的小径后向上走
🌐 www.h3.dion.ne.
🕐 6~9月8:00~17:00

适合孩子年龄：7~13岁
游玩重点：参观花田等

非常辽阔。从初夏开始冒出花芽的薰衣草共有7个种类，花期、花形和香气都略有不同，尤其是淡粉红花的品种十分特别，令人大开眼界。带上孩子，置身于这一片彩色的花海中，一边行走，一边采摘自己喜爱的薰衣草，如梦如幻。

富良野果酱园

适合孩子年龄：7~10岁
游玩重点：试吃果酱、制作自己的手工果酱等

为追求可以让人安心食用的食材与美味，1973年大久保婆婆创立了会员制的共济农场与富良野果酱园（Furano Jam Garden）。

亲子旅行资讯

✉ 富良野市东丽乡3
🚌 从JR富良野车站搭乘路线巴士"麓乡线"至终点麓乡站下车，步行约5分钟
💴 手工果酱体验费用1000日元
🕐 9:00~17:30
☎ 016-7292233

你可以和孩子在这里试吃各种口味的果酱，或者和孩子在专业的人员指导下制作属于自己的手工果酱。当你们品尝到自己亲手制作的果酱时，味道肯定别有一番风味。

小矮人木屋

在森林里有一栋栋小矮人木屋（Ningle Terrace），里面出售富良野特有的一些手工艺制作品，传说这片森林里曾住着一些身高只有15厘米的小矮人。在商店街的入口处有块告示牌，日文意为：拜托各位，这里住着第二代的Ninguru（指身高15厘米的小人），所以请不要大声喧哗。你可以和孩子看大树桩，旁边还有人工搭建的小矮人的通道和木桥，还晒着小矮人的蓑衣，非常可爱。

适合孩子年龄：5~11岁
游玩重点：参观小矮人木屋

亲子旅行资讯

✉ 富良野市中御料新富良野王子酒店附近
🕐 6~9月8:00~17:0012:00~20:45（7月~8月为10:00~20:45）
☎ 016-7221111

Flower Land上富良野

富良野地区的大型花田Flower Land上富良野，广阔的浓紫色薰衣草一望无际，与远方壮丽的十胜岳连峰连成一气，形成撼动人心的美景。这里的花季从6月就陆续开始，由鹅黄色的花揭开序幕，黄色花海随风摇曳。接着是7月的薰衣草季，粉紫、艳紫、浓紫不同品种的薰衣草依花期不同陆续绽放。当弧形的花田盛放着不同颜色的花朵，放眼望去那一片色彩缤纷的花花世界，犹如与百花仙子相遇。你可以和孩子一起搭乘农车巴士，或是和孩子一起到花田中采花，并把这些花做成一个薰衣草香枕，或是漂亮的薰衣草蜡烛，这将成为专属于你和孩子之间的一段美好回忆。

亲子旅行资讯

- 富良野町西5線北27号
- JR富良野站搭乘的士约10分钟可到
- www.flower-land.co.jp
- 016-7221111

潮爸辣妈提示　　若是选择7~8月期间到Flower Land上富良野参观，还可以参与收割薰衣草。

森之时计咖啡屋

森之时计咖啡屋（Forest Clock Cafe）是一家位于富良野的森林咖啡屋，十分出名。森之时计咖啡屋是日剧"温柔时光"中的故事发生地，在店里，人们可以坐在吧台上，自己研磨咖啡豆，一切的场景犹如剧情再现一般，浪漫优雅。在一个安静的午后，不妨带上孩子来这里坐坐吧，当看到这家咖啡屋时，一定会让孩子十分惊喜。你一边品着咖啡，一边看孩子兴高采烈地享用着美味的咖喱和蛋糕，在这悠然的时光中，让你和孩子的心贴得更近。

亲子旅行资讯

- 富良野市中御料新富良野王子酒店附近
- 从JR富良野车站搭乘路线巴士"快速薰衣草号"至终点新富良野王子饭店站下车，步行约5分钟
- www.princehotels.com
- 10:00 ~ 21:00
- 016-7221111

北星山町营薰衣草园

适合孩子年龄： 5～10岁
游玩重点： 参观宝物馆、观看雕塑等

北星山町营薰衣草园（Choei Rabendaen）是中富良野的一处著名观光点，由当地町宫町经营，位于中富良野北星山的山坡上。每到7月中旬，整个山坡全被紫色的薰衣草覆盖，还有向日葵、鼠尾草、串红等其他花卉，姹紫嫣红，十分美丽动人。你可以和孩子乘坐缆车登北星山山顶，站在山顶上可以俯瞰山下的美丽花田，还可眺望富良野盆地的田园风光以及远处的十胜岳山脉的壮阔风景。拉着孩子从山顶漫步而下，也别有一番风情。

亲子旅行资讯
- 中富良野町宫町1-41
- 从JR中富良野车站步行10分钟可到
- 免费开放，观光缆车往返券300日元
- 9:00～16:45
- 016-7442123

富良野奶酪厂

在富良野奶酪厂（Furano Cheese）里，通过参观、体验等课程，你可以了解关于乳制品的各种相关常识，另设有问答装置机器，考你有关乳制品的常识，并展示制造乳酪的道具，以最易了解的方式解说其历史和营养成分。用当地新鲜牛奶制成的奶酪制品是富良野的一大特产，奶制品的味道香醇自然，甚至还有用墨鱼汁制成的干酪。带上孩子来这里，不仅可以试吃各种奶酪，还可以亲自体验一下制作奶酪的乐趣。

适合孩子年龄： 9～13岁
游玩重点： 试吃奶酪、制作奶酪等

亲子旅行资讯
- 富良野市字中5区
- 从JR富良野车站步行8分钟可到
- www.furano-cheese.jp
- 4月～10月9:00～17:00，11月～次年3月9:00～16:00；年末年初休息
- 016-7231156

潮爸辣妈提示　奶酪厂旁边还有家牛奶厂，他们家的牛奶南瓜冰激凌可是一定要尝一下的美味哦。

面包超人专卖店

面包超人专卖店（Anpanmanshop）位于富良野麓乡林间，不只是小朋友的最爱，更跨越年龄的界限吸引了无数童心未泯的大朋友。在富良野果酱园的大久保婆婆的热情邀请下，面包超人的作者Takashiyanase于富良野开设了面

适合孩子年龄：7～12岁
游玩重点：观看面包超人石像等

包超人专卖店唯一分店。店门外有很多面包超人的可爱石像，而在店门口有各种与面包超人有关的戏水玩具，喷水枪、充气小水池、水车、小帐篷全都是面包超人的身影，让小朋友们为之疯狂。在面包超人专卖店里，你可以和孩子尽情沉浸在面包超人的世界中，再一次感受面包超人的魅力。

亲子旅行资讯

- ✉ 富良野东麓乡3
- 🚌 从JR富良野车站搭乘路线巴士"麓乡线"至终点麓乡站下车，步行约1小时可到
- 💬 www.anpanmanshop.co
- 🕘 9:00～17:30；11月24日–次年4月20日每周一休息
- ☎ 016-7292235

富良野其他景点推荐

中文名称	英文名称	地址	网址
Trick Art美术馆	Trick Art Museum	上富良野町西8线北33号 深山峠	www.tokachidake.com/art/
后藤纯男美术馆	Gotosumio Museum	上富良野町东4线北26	www.gotosumiomuseum.com/
羊之丘薰衣草园	Hitsujinooka	中富良野町	—
深山岭展望台	Miyama Pass Overlook	上富良野町西9线北	—
麓乡之森	Rokugo-no-mori	富良野市东麓乡1-1	www.furano.ne.jp/officefurano/mori/
五郎的石屋	Goro's Stone House	富良野市字东乡鄉	—
金山湖	Kanayama Lake	南富良野町金山湖	—
富良野葡萄酒厂	Furano Winehouse	富良野市清水山	www.furano.ne.jp/winohouse/

跟孩子吃什么

在富良野地区，蛋包饭咖喱是其特色，如果喜欢咖喱可一饱口福。蛋包饭咖喱是富良野特色餐饮，咖喱有多种香料调制而成，其味辛辣带甜，具有一种特别香气，主要用于拌饭和肉菜，是东亚地区不可缺少的调料，尤以日本为甚。

孩子最喜欢的餐厅

富良野市内，上、中富良野和美瑛町内都可以寻找到有一些特色餐厅，富良野的特色餐饮为蛋包饭咖喱，上富良野地区的特色则是以地产猪为原料的炖猪肉，而位于十胜山南麓的十胜地区，十胜猪肉拌饭则最为有名。

● 唯我独尊

唯我独尊是富良野地区最具人气的蛋包饭咖喱店之一，这家店的咖喱量大、味道浓厚、非常下饭。推荐蛋包饭咖喱配香肠，非常好吃哦。

■ 地址：富良野市日之出町11-8号　■ 交通：JR富良野站出站南行3分钟，距离富良野站约300米　■ 开放时间：11:00～21:00

● 菓子工房

这家店内的富良野起司派是由混合了富良野生乳、加入葡萄酒的起司及白豆沙制成，以及使用全熟南瓜制成的"蛋白奶酥"等都是不可错过的美味。

■ 地址：富良野市北之峰町4-65　■ 开放时间：9:00～19:00　■ 电话：016-7225535

● 富良野Wine House

在富良野Wine House可以品尝到富良野的多种葡萄酒，以及与葡萄酒搭配的美食。而用富良野的奶酪做成的各种料理，也是点单率颇高的。更值得一提的是，富良野Wine House位于山坡高处，可以将整个富良野尽收眼底，你可以和孩子一边品尝美食一边远眺富良野的四季美景哦。

■ 地址：富良野市清水山　■ 交通：从JR根室本线富良野站开车5分钟　■ 开放时间：11:00～21:00　■ 电话：016-7234155

和孩子住哪里

富良野的住宿类型多样，对于带孩子的游客来说，想要省时省力可以选择一家提供接机服务的酒店，担心孩子吃不惯当地食物可以选择带有厨房能做饭的旅店，想要和孩子享受日式生活可以选择日式风格的旅店。除这些外，距离富良野稍微有段距离的太阳之里，是一个露营场地，想要贴近自然的游客可以带孩子前去野营。

● 富良野民宿

富良野民宿（B&B Furano）是游览富良野时的完美住宿选择，有停车场、家庭房等。客房装饰精美，部分还内设无线上网、洗漱用品、电视、空调、卫浴间等。

■ 地址：21-36 Kitanominecho, Furano　■ 网址：www.furanotourism.com　■ 电话：016-7222568

● 森林景观酒店

森林景观酒店（Forest View）拥有宽敞的公寓，内设设备齐全的客厅、用餐区和厨房，也提供免费无线网络连接和洗衣机服务。酒店设有硬木地板，享有森林的景色，提供滑雪或远足的时尚基地。厨房包括电饭煲和微波炉，客厅设有一个大沙发和电视。所有的公寓都禁止吸烟。

■ 地址：富良野市 Kitanomine-cho 16-45　■ 网址：www.furanoforestview.com
■ 电话：016-7223667

富良野其他住宿推荐					
中文名称	英文名称	地址	网址	电话	费用
富良野霍普斯酒店	Furano Hops Hotel	富良野町西2线北25号	www.hops.e-tetora.com	016-7456511	约5555日元起
埃德尔温馨酒店	Hotel Edel Warme	Kitanomine-cho 9-20	www.edelwarme.jp	016-7221161	约12600日元起
富良野拉渔村酒店	Furano La Terrer	富良野町东1线北18	www.f-laterre.com	016-7393100	约6480日元起
青年之家膳食公寓	Pension Young House	Kitanomine-cho 15-21	—	016-7224524	约9260日元起
弗洛纽酒店	Furanui	富良野市北峰町13-15	www.p-furanui.com	016-7222480	约12222日元起
白金园山酒店	Furano Natulux Hotel	富良野市朝日町1-35	www.natulux.com	016-7221777	约8611日元起

给孩子买什么

在富良野游玩，怎能不撷薰衣草而归？你可以在彩香之里购买多种薰衣草产品，并且和孩子尝试薰衣草干燥花的制作，甚至在薰衣草盛开期间，到薰衣草农田中和孩子一起采集喜爱的新鲜薰衣草。在富田农场中别忘了给孩子买薰衣草雪糕和薰衣草果冻尝尝哦。

不可错过的购物地

来到富良野可以到森林精灵阳台商业区淘一淘宝，森林精灵阳台商业区位于新富良野王子酒店后的树林中，树林里共有17栋木屋。里面的商品全部都是手工制品，纸制品、木雕、木工艺、玻璃制品、蜡烛等，每间店到了晚上都会打灯，十分可爱。

■ 地址：富良野市中御料新富良野　　■ 交通：乘富良野市观光巴士至新富良野站下车即到

在富良野的出行

想要游览富良野美景的游客可乘坐观光巴士，你可以和孩子在巴士上欣赏富良野的美景，巴士在景点走走停停，非常方便。你也可以和孩子在薰衣草花田中随意漫步，尽情感受大自然的美好。如果走累了，也可以租赁自行车，骑着车，载着孩子，在花香中感受享受浓浓的幸福。

巴士

富良野有两种巴士，分别是富良野当地观光巴士Twinkle和富良野迷你观光巴士。

富良野当地观光巴士（Twinkle bus）夏季行驶，以JR富良野站为首末站，巡回富良野市集、富良野起司工房、度假酒店、富良野葡萄酒工厂等主要观光景点。票价1500日元，富良野车站11:50发车，返程为16时。

在6月~8月初，可以搭乘富良野迷你观光巴士（Kururu），周游富良野地区，一票到底，且两日内不限下车次数。票价3090日元，富良野运营时间为9:00~18:00，最晚于3天前至JR北海道的各车站及旅游中心购票。

汽车

日本汽车租赁公司的每天费用通常是最小型车大约6000日元，中型车大约10000日元，大型车大约15000日元，包括一个大约每天1000日元的强制保险费。费率在旺季通常比较高，尤其是在北海道。

自行车

在富良野可租赁自行车，每小时200日元，超过4小时，按一天计算，为800日元。

史黛芙自然世界
畅游记

"史黛芙自然世界"是德国史黛芙公司官方认可的体验式博物馆，享誉全球盛名的泰迪熊就产自史黛芙公司！位于北海道新千岁国际机场的国内候机楼和国际候机楼之间。这里有长达20米的动物玩偶动态展示区，还珍藏有许多记录了130余年历史的限售版泰迪熊，甚至可以看到野生动物、宠物以及濒临灭绝的物种，共展示有大约2000个高级毛绒玩具呢。小朋友们快随我去看看吧！

● 玛格丽特之屋

当你和孩子刚刚走进玛格丽特之屋时，里面顿时暗了下来，这时里面的屏幕上会出现解说图像。图像讲述的是史黛芙公司的创业者玛格丽特·史蒂夫的故事和泰迪熊诞生的经历，画面上还有中文字幕。

● 欢乐嘉年华广场

这里将德国的华美街景以动态玩偶再现，制造出如节庆般热闹而充满活力的氛围。由毛绒动物构成的每个场景都在讲述着不同的故事！边欣赏玩偶们边沉浸在自己想象的故事中别有一番乐趣！可爱的毛绒小熊、小牛、小猪、小鸡已经在这里等候着你！

● 史黛芙官方商店

这是史黛芙官方指定的商店，商店里除了有泰迪熊玩偶，还有很多特制的商品，比如泰迪熊图案的儿童服装、手提袋、购物袋、帽子、笔记本、香皂等，很多都是在国内买不到的。每件商品都十分可爱。

● 史黛芙自然世界资讯信息

■ 地址：新千岁机场旅客航站楼连接设施3层 Smile Road　■ 电话：0123-458510
■ 营业时间：10:00~18:00（最晚入园时间为营业时间结束前30分钟）　■ 票价：成人
600日元，初高中生400日元，小学生及以下300日元，未满3岁免费　■ 交通：由新千岁
机场国际航站楼或国内航站楼步行5分钟可到

⭐ 富良野省钱大比拼

对孩子优惠的景点			
景点名称	孩子玩点	优惠信息	地址
富田农场	观看薰衣草、花卉	免费	富良野町基线北15号
彩香之里	观看薰衣草	免费	中富良野町丘町6-1
小矮人木屋	欣赏小木屋	免费	富良野市中御料新富良野王子酒店附近
捡来的家	看惊人创意	免费	富良野市字麓乡市街地
森之时计咖啡屋	研磨咖啡豆	成人300日元，小学生以下免费	富良野市中御料新富良野王子酒店附近
FlowerLand上富良野	观看花田、搭乘农车巴士	免费	上富良野町西5线北27
北星山町营薰衣草园	俯瞰山下的花田	免费开放，观光缆车往返券300日元	中富良野町宫町1-41
Trick Art美术馆	观赏名画	免费	上富良野町西8线北33号深山峠
富良野果酱园	制作自己的手工果酱	成人1300日元，初中生、高中生1000日元，儿童700日元	富良野市东麓乡3
后藤纯男美术馆	观看画作	1000日元（手工果酱体验费用）	上富良野町东4线北26
Highland Furano薰衣草田	边泡汤边欣赏薰衣草	成人1000日元，学生500日元，儿童400日元	富良野市岛下
羊之丘薰衣草园	观看小动物	免费	中富良野町
深山岭展望台	眺望十胜岳山脉	免费	上富良野町西9线北
麓乡之森	园林小屋	免费	富良野市东麓乡1-1
富良野奶酪厂	制作奶酪	免费	富良野市字中5区
五郎的石屋	《来自北国》场景	200日元	富良野市字东麓乡
十胜岳温泉	泡温泉	免费	上富良野町十胜岳温泉
北国资料馆	《来自北国》电视剧资料	免费	富良野市朝日町5-20
金山湖	露营、钓鱼等	免费	京都市东山区円山町473
日出公园	欣赏薰衣草	免费	上富良野町日出
富良野葡萄酒厂	参观制酒过程	免费	富良野市清水山

最解闷的旅行游戏

互动游戏

大眼瞪小眼

场合： 各种交通工具上
道具： 无
人数： 2人
规则： 父亲/母亲和孩子面对面近距离坐着，眼睛看着眼睛，不能移开目光，也不能眨眼，谁先眨眼或者谁先笑等，就算输，要接受惩罚（唱歌、背诗等）。

数数字

场合： 各种交通工具上；或者休闲等待的场合
道具： 无
人数： 4人以上
规则： 父亲/母亲和孩子若有4人以上围坐在一起（人数不足也可加上别的游客），选定数字，比如3（可以2～9），从某个人开始喊1，下一个喊2，到3结尾或者3的倍数的数字时，不能喊出来，只能在桌子上轻轻击打一下，下一个喊4以此类推。

摸耳朵

场合： 各种交通工具上
道具： 无
人数： 2人
规则： 父亲/母亲和孩子摸对方的耳朵，不准用手抓住对方的手来阻止，而要在偏头躲避的同时去摸对方的。

猜数字

场合： 各种等待的场合
道具： 3个签，满汉全席（每个人都为其夹一份食物，必须吃完），替罪羊（再次抽有在场每个人名字的签，抽到谁，在房间内可以让他做一件事情，比如背你绕一圈等），唱首歌。
人数： 3人以上
规则： 父亲、母亲和孩子，其中一个人写个数字（1～100），然后其他人猜，每猜一次范围缩小，最后猜中的人倒霉挨罚（抽3签之一）。下一轮由受罚者写数字，依此循环。

猜牙签

场合： 就餐前

道具： 牙签若干

人数： 3人以上

规则： 父亲/母亲和孩子饭桌上的经典游戏。根据参加游戏的人数，准备好同样数量的牙签。主持人把一定数量（1根到全部）的牙签捏在手里，让大家依次猜有几根。不幸猜中者，受罚，并作为下一轮的主持人继续游戏

贴牌

场合： 随意

道具： 一副扑克牌，拿走大小王

人数： 3人以上

规则： 父亲、母亲和孩子一人抽一张牌，贴在额头上自己不许看自己的牌面，但却能看到别人的。A最大，2最小，同一个点数，花色从大到小依次为黑桃、红桃、草花、方块，大家开始依次根据别人的牌面和表情，猜测自己牌点是不是最小的。如果觉得自己最小，可以放弃，接受轻微惩罚，但不许看牌面，游戏继续进行。直到大家都不放弃时，亮牌，最小者受罚。

益智玩具

拼图

无论是把碎片拼接在一起形成完整图案的拼图，还是在固定的方框版里移动小木块至合适位置行程完整图案的拼图，都非常受孩子喜爱，在旅途中有这样的玩具，好静的孩子一般能玩好几个小时。最好能给孩子专门备一个装玩具的行李箱，里面装各种类型的玩具。不要装玩具刀剑等。

七巧板

七巧板源于中国，自古以来就是益智类的玩具，一副七这块板可拼成千种以上图形，如果配合两副或以上的七巧板，甚至可以做出一幅画。

T字谜

T字谜也是民间智慧的结晶，只有四块，所以也称"四巧板"，有2个版本，一种是可以拼出"石条"形状的"T字之谜"，提供100种参考图案；另一种是不能拼出"石条"的"T字之谜"，提供了218种参考图案，也有人提供过338种参考图案。

日本旅游信息

中国驻日本各地使领馆

中华人民共和国驻日本各地使领馆信息				
名称	地址	电话	网址	辖区
中华人民共和国国驻日本国大使馆	东京都港区元麻布3-4-33	03-34033388	www.china-embassy.or.jp/chn/sgjss/	东京都、神奈川县、千叶县、埼玉县、长野县、山梨县、静冈县、群马县、枥木县、茨城县
中华人民共和国国驻大阪总领事馆	大阪府大阪市西区靱本町地区3-9-2	06-64459481	www.osaka.china-consulate.org/chn/	大阪府、京都府、兵库县、奈良县、和歌山县、滋贺县、爱媛县、高知县、德岛县、香川县、广岛县、岛根县、冈山县、鸟取县
中华人民共和国国驻福冈总领事馆	福冈县福冈市中央区地行浜1-3-3	092-7131121	www.chn-consulate-fukuoka.or.jp/chn/	福冈县、山口县、佐贺县、大分县、熊本县、鹿儿岛县、宫崎县、冲绳县、山口县
中华人民共和国国驻札幌总领事馆	北海道札幌市中央区南13条西23-5-1	011-5635563	www.sapporo.china-consulate.org/chn/	北海道、青森县、秋田县、岩手县
中华人民共和国国驻长崎总领事馆	长崎县长崎市桥口町10-35	095-8493311	www.nagasaki.china-consulate.org/chn/	长崎县
中华人民共和国国驻名古屋总领事馆	爱知县名古屋市东区东樱2-8-37	052-9321098	www.nagoya.china-consulate.org/chn/	爱知县、岐阜县、福井县、富山县、石川县、三重县
中华人民共和国国驻新潟县总领事馆	新潟县新潟县市中央区西大畑町5220-18	025-2288888	www.niigata.chinesecon sulate.org/chn/	新潟县、福岛县、山形县、宫城县

日本的应急电话

日本应急电话	
名称	电话
事故、事件报警	110
救护车、火灾等急救电话	119
医院询问	03-52858181
日本旅游信息中心（TIC Tokyo）	03-5220-7055
日本救助热线	0120-461997
遗失物品（东京）	03-38144151
急救翻译服务	03-5285-8185
东京都的医疗问询电话	0120-461997

日本的世界遗产名录

日本世界遗产名录			
中文名	所在地	列入时间	类别
法隆寺地域的佛教建筑物	奈良县	1993年12月	世界文化遗产
姬路城	兵库县	1993年12月	世界文化遗产
古京都遗址	岐阜县、富山县	1995年12月	世界文化遗产
白川乡与五箇山的合掌造聚落	岐阜县、富山县	1995年12月	世界文化遗产
原子弹爆炸圆顶屋	广岛县	1996年12月	世界文化遗产
严岛神社	广岛县	1996年12月	世界文化遗产
古奈良的历史遗迹	奈良县	1996年12月	世界文化遗产
日光的神社与寺院	栃木县	1998年12月	世界文化遗产
琉球王国的城堡以及相关遗产群	冲绳县	1999年12月	世界文化遗产
纪伊山地的灵场和参拜道	和歌山县、奈良县、三重县	2000年12月	世界文化遗产
石见银山	岛根县	2004年7月	世界文化遗产
富士山－信仰的对象与艺术的源泉	静冈县、山梨县	2007年6月	世界文化遗产
平泉－象征着佛教净土的庙宇、园林与考古遗址	岩手县	2013年6月	世界文化遗产
富冈制丝厂及产业遗产群	群马县	2011年6月	世界文化遗产
屋久岛	鹿儿岛县	2014年6月	世界文化遗产
白神山地	青森县、秋田县	1993年12月	世界自然遗产
知床半岛	北海道	2005年7月	世界自然遗产
小笠原群岛	东京都	2011年6月	世界自然遗产

日本的国家公园名录

中文名	地理位置	设立时间	特色
阿寒国立公园	北海道	1934年12月4日	景色雄伟，温泉繁多，常常形成云海
大雪山国立公园	北海道中部	1934年12月4日	以雄伟的火山地形、大片的高山植物、美丽的鱼鳞松和冷杉的原生林而著称
支笏洞爷国立公园	北海道西南部渡岛半岛的尖端	1949年5月16日	公园有"火山博物馆"之称，四周被原始群山和原始林所包围
知床国立公园	北海道知床半岛上	1964年6月1日	多数区域为原生林所覆盖，并有棕熊、北海道狐狸、白尾海雕、海豹等野生动物
利尻礼文佐吕别国立公园	北海道北部	1974年9月20日	为全日本最北端的国家公园
钏路湿原国立公园	北海道东部的钏路市北面	1987年7月31日	这里生息着北海道鹿，白尾雕等2000种动植物，寒冬还能看到丹顶鹤光临
十和田八幡平国立公园	青森县、岩手县、秋田县	1936年2月1日	公园内不但拥有宁静美丽、深蓝透亮的十和田湖，还有包括玉川温泉、酸汤温泉等在内的多个温泉疗养胜地
磐梯朝日国立公园	山形县、福岛县、新潟县	1950年9月5日	有密林、猪苗代湖等美景，还有多野生动物羚羊、熊、猴、鼯鼠等
陆中海岸国立公园	宫城县及岩手县的东侧	1955年5月2日	以绝无仅有的奇特的海岸景观而闻名于世
日光国立公园	栃木县、群马县、福岛县	1934年12月4日	群山环抱、景致万千、富于历史文化和传奇色彩
富士箱根伊豆国立公园	东京都、神奈川县、山梨县、静冈县	1936年2月1日	由特殊地域组成的"火山和海洋"的国立公园，是海水浴、钓鱼和品尝海鲜的胜地
秩父多摩甲斐国立公园	关东地区西南部的山岳地带	1950年7月10日	景观的主要特点表现在山岳以及山岳上覆盖的原始森林和溪谷的自然之美
南阿尔卑斯国立公园	山梨县、长野县、静冈县	1964年6月1日	拥有很多的山小屋和高山植物
小笠原国立公园	东京都	1972年10月16日	除了有140多种特有植物外，还有"小笠原线蜻蜓"等10多种特有动物
尾濑国立公园	横跨福岛、群马、新潟、栃木4县	2007年8月30日	湖沼、湿原和周围的山岳森林集中一起并融为一体
中部山岳国立公园	长野县、岐阜县、富山县、新潟县	1934年12月4日	可乘坐空中缆车、无轨电车游览风景
上信越高原国立公园	群马县、新潟县、长野县	1949年9月7日	境内的轻井泽为日本最著名的避暑胜地

中文名	地理位置	设立时间	特色
伊势志摩国立公园	三重县志摩半岛	1946年11月20日	濒临海湾，面向太平洋，景色秀丽地形也极富变化
白山国立公园	石川县、福井县、岐阜县	1962年11月12日	保有很高的原始性，作为安全容易攀登的山峰而被大众所亲近喜爱
吉野熊野国立公园	奈良县、三重县和歌山县	1936年2月1日	是一个一年四季均吸引众人来访的大自然风景名胜
山阴海岸国立公园	京都府、兵库县、鸟取县	1963年7月15日	公园保存了地壳变动和火山活动的大量痕迹，被誉为"地形和地质博物馆"
大山隐岐国立公园	鸟取县、岛根县、冈山县	1936年2月1日	山内拥有西日本地区最大规模的山毛榉原生林，另外还有蒙古栎等珍贵树木
西表石垣国立公园	日本琉球列岛八重山群岛的石垣岛	1972年5月15日	岛上有多样保护类动物，如西表山猫、冠鹫、黄缘盒龟等

儿童安全顺口溜

出国游玩需牢记，交通安全很重要
行走应按人行道，没有行道往左靠
天桥地道人行道，横穿马路离不了

莫与车辆去抢道，嬉戏不往路上跑
骑车更要守规则，不要心急闯红灯
乘车安全要注意，遵守秩序把队排
手头不能伸窗外，扶紧把手莫忘记

生人靠近要当心，不让碰到自己身
给你美食先感谢，婉言拒绝莫惹火

住进酒店小当家，水火电器勿触摸
爸妈在旁才使用，有事先向警察报
欢度节日搞庆典，烟花爆竹慎重放

火灾面前莫着慌，报警逃生两不忘
明火暗火卷烟头，看见就要速远离
如遇水灾更别慌，先找身边的木桩
如有救生衣在旁，快速穿上等救援

抓紧爸妈衣襟角，跑丢不要太慌张
先找交警求帮助，也可打车回住处

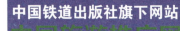